J. B. Heinrich

Clemens Brentano

Deutsche Autoren der Romantik, Band 3

Heinrich, J. B.

Clemens Brentano

Reihe: *Deutsche Autoren der Romantik*

ISBN: 978-3-86267-039-0

Auflage: 1
Erscheinungsjahr: 2010
Erscheinungsort: Bremen, Deutschland

Europäischer Literaturverlag (www.elv-verlag.de), Fahrenheitstr. 1, 28359 Bremen.

Bei diesem Titel handelt es sich um den Nachdruck eines historischen, lange vergriffenen Buches aus dem Verlag Bachem, Köln (1878). Da elektronische Druckvorlagen für diesen Titel nicht existieren, musste auf alte Vorlagen zurückgegriffen werden. Hieraus zwangsläufig resultierende Qualitätsverluste bitten wir zu entschuldigen.

J. B. Heinrich

Clemens Brentano

Herausgeberwort

Die Literaturepoche der Romantik, die in etwa auf den Zeitraum zwischen 1790 und 1850 datiert werden kann, ist nur schwer konkret zu definieren. Zu vielfältig sind ihre literarischen Strömungen, zu verschieden ihre Autoren, als dass man sie auf einen gemeinsamen Nenner bringen könnte. Dennoch gibt es Merkmale, die charakteristisch für die Romantik sind. Dazu gehören Sehnsucht und Naturmetaphorik, sowie die Vorliebe für das Fantastische und Märchenhafte.

Die Romantik entstand als Gegenreaktion zum Rationalismus der Aufklärung und brachte viele literarische Werke hervor, die noch heute von großer Bedeutung sind. Nicht nur verhalf sie der deutschen Literatur mit Autoren wie E. T. A. Hoffmann oder A. W. Schlegel zu internationalem Ruhm, sie legte auch den Grundstein für die Literatur- und Sprachwissenschaft, wie wir sie heute kennen. Autoren der Romantik wie Clemens Brentano oder Jakob und Wilhelm Grimm waren die Ersten, die im Hinblick auf ein nationales Bildungsprogramm volkstümliche deutsche Literatur sammelten und bearbeiteten. Die romantische Epoche war wegweisend für die deutsche Literatur. Deshalb spielt die Auseinandersetzung mit ihren Autoren nach wie vor eine wichtige Rolle in den literaturwissenschaftlichen Diskursen.

Die vorliegende Schriftenreihe „Deutsche Autoren der Romantik" gewährt einen Einblick in das Leben der berühmten Schriftsteller der Romantik und vermittelt einen Eindruck davon, unter welchen Umständen sie zu den größten Dichtern und Denkern ihrer Zeit wurden. Neben ausführlichen Biografien, die sich dem gesamten Leben und Werk der betrachteten Autoren widmen, befinden sich in der Reihe auch verschiedene wissenschaftliche Abhandlungen, die spezifische Aspekte aus den Lebensgeschichten und Werken beleuchten. Fast alle Texte der Reihe stammen aus dem späten 19. Jahrhundert und wirken - da sie nur wenige Jahrzehnte nach dem Ende der romantischen Epoche entstanden sind - besonders authentisch.

Die Auswahl der Autoren ist exemplarisch und vermittelt zum jetzigen Zeitpunkt kein vollständiges Bild. Sie kann jedoch durch weitere Beiträge erweitert werden. Ebenfalls wurden Autoren, deren Zugehörigkeit zur Romantik umstritten ist, wie Jean Paul oder Friedrich Hölderlin in die Reihe aufgenommen, da auch ihre Werke zum Teil romantische Elemente aufweisen.

Ich wünsche Ihnen viel Vergnügen bei dem Einblick in die romantische Epoche!

Elena Schefner
Bremen, November 2010

Görres-Gesellschaft

zur Pflege der Wissenschaft

im katholischen Deutschland.

Dritte Vereinsschrift für 1878.

Dr. J. B. Heinrich: Clemens Brentano.

Köln, 1878.

Druck und Commissions-Verlag von J. P. Bachem.

Vorwort.

Der Verwaltungs-Ausschuß der Görres-Gesellschaft hat den Wunsch an mich gestellt, ein kurzes Lebensbild von Clemens Brentano zum hundertjährigen Gedächtnisse seines Geburtstages zu schreiben. Anlaß dazu gaben einige Vorträge, die ich im Laufe dieses Jahres über diesen Gegenstand gehalten und welche die Zuhörer angesprochen haben, nicht sowohl wegen meiner Darstellung, als wegen der Stellen aus Brentano's Dichtungen und Briefen, welche ich in denselben mittheilte. Auch in dieser schriftlichen Darstellung will ich ähnlich verfahren. Ich habe immer von den Schriften des Clemens eine wohlthätige Wirkung empfangen, darum mache ich gern auf ihn aufmerksam. Ein Bedenken gegen eine neue Darstellung seines Lebens und Wirkens könnte nur der Umstand erwecken, daß hierüber erst kürzlich ein musterhaftes Werk erschienen ist,*) das ich nur benutzen und dem ich nichts hinzufügen kann. Jedoch wird vielleicht nicht Wenigen ein kleineres Bild willkommen sein, und werden selbst die sparsamen Striche dieser kleinen Zeichnung den Ueberblick und den Genuß des großen Gemäldes erleichtern.

Mainz, 23. November 1878.

Heinrich.

---

*) Clemens Brentano. Ein Lebensbild nach gedruckten und ungedruckten Quellen. Von P. Joh. Bapt. Diel. Ergänzt und herausgegeben von P. Wilh. Kreiten. Freiburg i. B. bei Herder. I. Bd. 1877, II. Bd. 1878.

Inhalt.

Stamm und Kindheit.

Clemens Brentano ist einer an irdischen und geistigen Gütern, wie an Mitgliedern reichen Familie entsprossen. Sein Vater Peter Anton Brentano muß ein Mann von seltener praktischer Tüchtigkeit gewesen sein. Aus Oberitalien mit mäßiger Habe eingewandert, in erster Ehe mit einer reichen Holländerin vermählt, hatte er im goldenen Kopf in der großen Sandgasse zu Frankfurt ein Handelshaus gegründet, das den angesehensten Häusern der reichen Handelsstadt ebenbürtig zur Seite stand, und hatte sich durch Würde des Charakters und der Sitte eine so hervorragende gesellschaftliche Stellung erworben, daß nach dem Tode seiner ersten Gattin der Wirkliche Geheime Rath und Regierungskanzler des letzten Kurfürsten von Trier, Georg Michael Frank de la Roche, keinen Anstand nahm, ihm seine älteste Tochter Maximiliane zur Ehe zu geben. Als dritter Sohn aus dieser Ehe wurde Clemens Wenzeslaus Maria im Hause der Großeltern zu Ehrenbreitstein, wo sich Maximiliane auch nach ihrer Verheirathung viel aufhielt, am 8. September 1778 geboren. Der Kurfürst Clemens Wenzeslaus selbst war, ohne Zweifel seinem damals noch in höchster Gnade stehenden Regierungskanzler zu Ehren, sein Pathe; der Name Maria wurde ihm wohl nach frommer Sitte aus Anlaß des Festes Mariä Geburt, an dem er zur Welt gekommen, beigelegt.

Clemens hatte viele Geschwister. Aus erster Ehe waren vier Kinder da, von denen zwei ein höheres Alter erreichten und Clemens besonders lieb und ehrwürdig waren. Der Eine war der älteste Bruder Franz, das Haupt des Hauses, ein in seiner Vaterstadt hoch angesehener, aber auch wie Clemens ihn irgendwo nennt, „demüthiger, gütiger, sinnvoller“ Mann [1]). In einem Briefe an ihn vom 20. Nov. 1833 kommt folgende Stelle vor: „Liebster Bruder, so oft ich an Dich denke, und es ist täglich, fließt mir das Herz über; denn ich denke dann auch Deiner großen Treue, Deiner vielen Sorgen und Mühen für Andere und Deines vielen Kummers über unsere elende Zeit. Nur Einen Trost

[1]) Gesammelte Schriften IX, S. 57.

hast Du: was Dich betrübt, betrübt auch Jesum, nämlich die Sünde, die Bosheit, die Blindheit Derer, welche die Kirche verfolgen."[2]) Der andere Bruder, Anton, lebte, schwach an Leib und Geist und zu jedem Geschäfte unfähig, still im elterlichen Hause. In jenem merkwürdigen Briefe an seine Nichte Sophie von Schweitzer vom 10. März 1842, auf den wir noch öfter zurück kommen werden, schreibt Clemens von ihm: „Vor Allem muß ich dankbar und glücklich preisen den seligen Bruder Anton. So lange ich lebe, habe ich nur Gutes von ihm gesehen; immer hat er gebetet und geduldet und ist in Armuth und Demuth gewandelt. Er hat von Gott und allen Heiligen, wo nicht mehr als die andern Geschwister, doch durchaus mehr gewußt als ich — denn ich wußte nichts davon. Undenklich viel hab' ich ihm zu danken. Sein Schutzengel schützte ihn vor der Neckerei meines und der Geschwister Muthwillen; er war in seiner Einfalt und Gottesfurcht isolirt, in steter treuer Uebung der katholischen Religion und aller kirchlichen Feier, und sagte mir im Vorübergehen wohl auch ein mahnend Wort — aber ich folgte ihm nicht, wenn ich gleich im Innersten die Wahrheit fühlte." [3])

Wir führen diese Stellen an, weil sie uns andeuten, welcher Geist doch im Hause des lombardischen Kaufherrn Peter Anton Brentano eingewurzelt gewesen sein muß. Eine tiefe selbstbewußte kirchliche Gesinnung und ein entwickeltes katholisches Bewußtsein hat wohl in dem Hause nicht geherrscht; aber man war gläubig und hielt an ererbter katholischer Sitte fest, wie es zu jener Zeit in den meisten katholischen bürgerlichen Familien war.

Ein wesentlich verschiedener Geist waltete in dem Hause des trierschen Kanzlers de la Roche. Er selbst, Zögling des kurmainzischen Ministers Stadion, war, wie dieser, in religiöser und in politischer Beziehung ein eifriger Adept der rationalistischen Aufklärung seines Jahrhunderts. „Ein unversöhnlicher Haß gegen das Pfaffthum (sic) hatte sich bei diesem Manne, der zwei geistlichen Kurfürsten diente, festgesetzt. . . . Seine Briefe über das Mönchswesen machten großes Aufsehen; sie wurden von allen Protestanten und von vielen Katholiken mit Beifall aufgenommen," schreibt Göthe von ihm — und es genügt. Das eben erwähnte anonyme Pamphlet des kurfürstlichen Kanzlers veranlaßte später, als der Verfasser entdeckt und der gutmüthige und wankelmüthige Kurfürst, zu spät, besserem Rathe zugänglich wurde, den Sturz und die Pensionirung des Kanzlers. Jedoch nicht der Kanzler, sondern seine Frau, die damals hochberühmte Schriftstellerin Sophie de la Roche, war Mittel-

---

[2]) G. Schr. IX, S. 290.
[3]) G. Schr. IX, S. 419 u. 420.

punkt der literarischen und geistreichen Gesellschaft, die sich in seinem opulenten Hause im Thal von Ehrenbreitstein vielfach zusammen fand. Eine geborene Gutermann, Edle von Gutershofen, Protestantin, eine Zeit lang Wieland's Braut, stand sie mit den literarischen Koryphäen ihrer Zeit in vielfacher Beziehung. Verehrerin Rousseau's, suchte sie die verstandesgemäße Tugendhaftigkeit, die sie in ihren weitschweifigen Romanen predigte, auch im Leben darzustellen. Bei hoher Selbstzufriedenheit besaß sie viel Geist und Anmuth des Benehmens, so daß Göthe, der sich zur Zeit seiner Werther-Periode von Wetzlar aus einige Zeit im Hause zu Ehrenbreitstein aufhielt, ihr das Zeugniß gibt: „Sie war die wunderbarste Frau und ich wüßte ihr keine andere zu vergleichen . . . Sie sprach gut und wußte dem, was sie sprach, durch Empfindung immer Bedeutung zu geben.“ Von der ältesten Tochter Maximiliane, die ihm großes Interesse einflößte, erzählt er uns, daß sie der Liebling ihres Vaters und sehr liebenswürdig war, „eher klein als groß von Gestalt, niedlich gebaut; eine freie anmuthige Bildung, die schwarzesten Augen, und eine Gesichtsfarbe, die nicht reiner und blühender gedacht werden konnte. Auch sie,“ fügt er bei, „liebte ihren Vater und neigte zu seinen Gesinnungen.“

Nicht sehr lange nach dem damaligen Besuche Göthe's wurde Maximiliane die Gattin des reichen Frankfurter Kaufherrn, der Trierischer Handelsconsul war und auch den Titel Geheimer Rath erhielt. Auch hierüber soll uns Göthe glaubhaften und anschaulichen Bericht geben. „Frau von la Roche,“ schreibt er, „hatte ihre älteste Tochter nach Frankfurt verheirathet, kam oft sie zu besuchen, und konnte sich nicht recht in den Zustand finden, den sie doch selbst ausgewählt hatte. Anstatt sich darin behaglich zu fühlen oder zu irgend einer Veränderung Anlaß zu geben, erging sie sich in Klagen, so daß man wirklich denken mußte, ihre Tochter sei unglücklich, ob man gleich, da ihr nichts abging und ihr Gemahl ihr nichts verwehrte, nicht wohl einsah, worin das Unglück eigentlich bestünde. Ich war indessen in dem Hause gut aufgenommen und kam mit dem ganzen Cirkel in Berührung, der aus Personen bestand, die theils zur Heirath beigetragen hatten, theils derselben einen glücklichen Erfolg wünschten. Der Dechant von St. Leonhard, Dumeitz, faßte Vertrauen, ja Freundschaft zu mir. Er war der erste katholische Geistliche, mit dem ich in nähere Berührung trat, und der, weil er ein sehr hell sehender Mann war, mir über den Glauben, die Gebräuche, die äußern und innern Verhältnisse der ältesten Kirche schöne und hinreichende Aufschlüsse gab.“ Etwas weiter unten schreibt Göthe: „Mein früheres Verhältniß zur jungen Frau, eigentlich ein geschwisterliches, ward nach der Heirath fortgesetzt; meine Jahre sagten den ihrigen zu, ich war der Einzige in dem ganzen Kreise, an dem sie noch einen Widerklang jener geistigen Töne vernahm, an die sie von Jugend auf gewöhnt war. Wir lebten in einem kindlichen Vertrauen zusammen fort, und obgleich sich nichts Leidenschaftliches in unsern Umgang mischte, so war es doch peinigend genug, weil sie sich auch in ihre neue Umgebung nicht zu finden wußte und, obwohl mit Glücksgütern gesegnet, aus dem heitern Thale Ehrenbreitstein und einer fröhlichen Jugend in ein düster gelegenes Handlungshaus versetzt, sich schon als Mutter von einigen Stiefkindern benehmen sollte." [4])

Obwohl diese Schilderungen Göthe's, der hier, wie überall, seine Art nicht verleugnet, dem wahren Wesen und Werth der Mutter unseres Clemens sicherlich nicht gerecht werden, so stellen sie uns doch die äußere Situation anschaulich vor Augen. Mit ihrem Einzuge in das Haus Brentano treten in den alten gesellschaftlichen Kreis desselben die Potenzen der damaligen neuen, schöngeistigen Aera — und Maximiliane ist, wie ihre Mutter in Ehrenbreitstein, in Frankfurt im vollsten Umfange die Dame des Hauses. In diesem Kreise finden sich auch katholische und geistliche Elemente. Denn das Haus Brentano ist ein katholisches, jedoch bewußt oder unbewußt, so wie es der Blüthezeit des Josephinismus und den Verhältnissen und dem Geiste des damaligen Frankfurt entsprach, wovon wiederum Göthe meldet [5]): „Die lutherische Confession führte das Regiment, die sogenannten Reformirten bildeten eine ausgezeichnete Klasse, die Katholiken bemerkte man kaum."

Maximiliane schenkte in den Jahren von 1775—1793 nicht weniger als zwölf Kindern das Leben, von denen nur die zwei letztgeborenen bald wieder starben. Fast alle diese Kinder waren mit Geist und Phantasie reichlich ausgestattet und von vieler Herzensgüte; einige hoch begabt, wie Clemens, seine nicht ganz sieben Jahre jüngere Schwester Elisabeth (Bettina von Arnim) und sein 1784 geborener Bruder Christian, der früher als Clemens zum vollen Glauben zurückgekehrt und von großer wissenschaftlicher, namentlich theologischer Bildung, weit mehr, als man gewöhnlich annimmt, auf ihn einwirkte. Es ist gewiß keine Selbsttäuschung oder Selbstverherrlichung, wenn Clemens an seinem Lebensabend an seine Nichte Sophie von Schweitzer schreibt [6]): „Ich habe immer in der Natur unserer ganzen Familie, aller meiner Geschwister eine große Anlage zu Güte und Liebe, Hingabe an das Rechte und Wahre gefühlt, ja ich fühlte alles das sogar in meinem Herzen . . . Ach, was

---

[4]) Alle bisher angeführten Stellen Göthe's sind aus dem 13. Buch von „Aus meinem Leben, Wahrheit und Dichtung."

[5]) Dicht. u. Wahrh., 17. Buch, gegen Ende.

[6]) Brief aus München v. 18. April 1842. G. Schr. IX, S. 422 u. ff.

hätten wir doch alle werden können: so gut, so fromm, hilfreich und trostreich für einander und ein Heil allen Nebenmenschen; o, wir hätten wohl heilend und heilig werden können, wir hatten Alles dazu... O, das fühlte ich oft mit herzzerreißendem Weh, während ich mit am tiefsten in der Zerstörung lag. — Liebe Sophie! Der Grund der Zerstörung lag darin, daß man alle diese köstlichen Gottesgaben nicht mit religiöser Andacht und Weihung umgeben und vor der gegenseitigen Zerstörung bewahrt hatte. O mein Kind, wir hatten nichts genährt, als die Phantasie, und sie hatte uns theils wieder aufgefressen." In demselben Briefe, der bald nach der Wahl des jetzt noch lebenden frommen Bischofs von Limburg, zu dessen Sprengel Frankfurt gehört, geschrieben ist, mahnt er seine Nichte, ihr Söhnchen alle Tage ein Vater unser für den Bischof beten zu lassen, und Herrn van der Meulen (jetzt Trappisten-Abt auf dem Oelenberge im Elsaß, damals Geistlicher und Religionslehrer in Frankfurt) zu veranlassen, den Kindern über die hohe Würde und die Pflichten des Bischofs zu reden. „Denn," setzt er bei, „solche in der Kindheit gehörte Worte wirken oft bis zum Ende des Lebens, ich weiß es von mir; in der Priestern und rechtmäßiger Obrigkeit feindlichen Revolutionszeit meiner Jugend hörte ich nie Gutes von diesen Würden und Aemtern, und sie blieben mir fremd und wurden mir verhaßt; ich betete nicht für den Bischof, ich wußte kaum von seinen violetten Strümpfen; vor dem Antichrist aber, von dem mir Herr Schwab — der alte Buchhalter des Hauses — sehr lebhaft erzählt hatte, zitterte und bebte ich und thu' es noch bis auf diese Stunde." Doch hat Clemens in seiner frühen Kindheit nicht nur den schreckhaften Eindruck vom Antichrist sondern auch einen tiefen und süßen Eindruck vom Heilande und Seiner gebenedeiten Mutter — zu der er, wie in zärtlicher kindlicher Rührung, so in Angst und Verlassenheit gerufen — unvertilgbar in seine für alle Güte und Schönheit tief empfindsame Seele aufgenommen. So war der Keim der ihm übernatürlich eingepflanzten himmlischen Liebe in der Kindheit nicht ohne alle Entwickelung geblieben; aber auch die bezaubernde bunte Blume[7]) irdischer Liebe hatte ahnungsvoll ihren frühzeitigen Keim erschlossen.

Die ersten neun Jahre seines Lebens brachte Clemens mit seiner zwei Jahre ältern, 1800 bei Wieland in Weimar verstorbenen, Schwe-

[7]) Wir denken hier an den Eindruck, den ein kleines liebliches Mädchen auf ihn bei seiner Firmung machte und wovon er singt:

Traf mich des Priesters Hand dort nicht gelinde,
So traf mich schärfer noch mit seinem Pfeil
Der kleine Liebesgott mit seiner Binde.
Des Priesters Schlag rührt mich nur kurze Weil',
Und nie genas ich von der Liebe Wunden,
Der Tod empfängt den Kranken noch nicht heil.

ster Sophie fast ganz bei einer unglücklich mit dem Hofrath von Möhn verheiratheten kinderlosen Schwester seiner Mutter in Coblenz zu — ob, um ihnen eine besonders feine Erziehung zu geben, oder um die mit so vielen Kindern gesegnete Mutter zu erleichtern, wir wissen es nicht. Aber wohlthätig hat die „strenge und unmütterliche Zucht“ nicht auf ihn gewirkt. Er „fühlte sich tief elend und verwaist.“ Seine kindlich poetischen Träume, die er unbefangen äußerte, wurden verlacht; durch „Moralien, die er nie verstand,“ durch „trockene Blicke“, pedantische Abhärtungen und steife Dressur sollte er erzogen werden. Eine warme und kräftige religiöse Leitung wurde ihm auch nicht zu Theil. Wohl empfing er den nothwendigen Unterricht und in seinem siebenten Jahre die h. Firmung; aber Zeit und Umgebung waren seicht und kalt; es war kein frommes Herz da, an dem das Herz des Kindes religiös erwarmen konnte. Doch als er einst, mit tief verwundetem Gefühle ungerechter Bestrafung in den Gartensaal mit seinen unheimlichen Tapetenbildern in mondheller Nacht eingesperrt, von Angst überwältigt wurde, rief er in einer ihm unvergeßlichen Weise zur h. Mutter Gottes, wie er es in seinen Terzinen „Aus der Jugendzeit“ schildert:

Ich schauderte und konnte mich nicht halten,
Und kniete nieder vor Mariens Bild,
Die Hände hab' ich innig da gefalten
Und flehte kindlich zu der Mutter mild:
O Mutter Gottes, hilf dem armen Kinde!

Schöner gestaltete sich sein kindliches Leben, als er mit seiner Schwester Sophie 1787 in das elterliche Haus zurückkehrte. Es war voll fröhlicher Kinder, und mit einer schwärmerischen Liebe hing er an seiner Mutter. Was damals am bedeutungsvollsten und nachhaltigsten auf ihn eingewirkt, hat er gleichfalls in den genannten Terzinen mit jener Wahrheit, die all seinen Poesien eignet, ausgesprochen und noch in seinem Alter in einem Briefe an eine Nichte[8]) zur Lehre und Mahnung wiederholt. „Als ich früh,“ schreibt er, „einfach katholischer Sitte entwöhnt, ohne Segen, durch allerlei Erziehungsmethoden der Schönwisserei und Schönfühlerei überliefert, endlich durch das Babylon des Geschmackes ohne Glauben hinirrte, und in Norddeutschland ohne Steuer und Mast auf einer Sandbank gestrandet war, lag ich Nachts in großem Seelenleiden auf meinem Lager und dachte die ganze wüste Schifffahrt nach der Entdeckung der neuen Welt zurück, ob denn gar kein Punkt sich finde, woher ich Rettung erschreien könne. Da dachte ich, daß ich als kleiner Knabe, manchmal, von einer gewissen Frische erweckt, Nachts meine Mutter, die im Winter aus der Gesellschaft gekommen war, über mich ge-

[8]) G. Schr. IX, S. 348.

beugt sitzen sah, die das Ave Maria und das Gebet an meinen Schutzengel über mich betete und mir das Kreuz auf die Stirne machte. Da knüpfte ich an und suchte die Kindergebete zusammen; es war der einzige Faden, an dem ich mich gerettet habe, alles andere hat nichts geholfen. Wo hatte meine gute Mutter das her? Wahrscheinlich von einer altväterlichen katholischen Kindermagd, wie das Vreneli im Gockel[9]). Gott lohn' es ihr." Doch die Mutter, die selbst nicht nur in der Schule ihrer Mutter, sondern einige Zeit auch in einer Klosterschule zu Saverne gewesen, erzählte ihren Kindern auch „von des süßen Jesus schweren Leiden," wie uns Clemens wiederum erzählt:

Viel war ich krank, kam wenig an die Sonne,
  Die bunte Decke war mein Frühlingsgarten,
  Die Mutterpflege war mir Frühlingswonne.
Ich konnte oft den Abend nicht erwarten,
  Wo sie die Wundermärchen uns gesungen,
  Daß rings die Kinder in Erstaunen starrten.
Und keines ist mir so in's Herz gedrungen,
  Als von des süßen Jesus schweren Leiden,
  Wie des Herodes Kindermord mißlungen,
Maria durch Aegypten mußte reiten,
  Und was sie da erfuhr in schweren Nöthen;
  Da focht' ich in Gedanken gen die Heiden
Und sah ihr Blut in allen Abendröthen.

Doch noch viel bedeutsamer scheint uns, was er in demselben Gedichte uns von dem Eindruck mittheilt, den die Erzählung des frommen und phantastischen Buchhalters Schwab vom Antichrist und sodann eine Vesper auf ihn machte, der er auf den Armen desselben bei den Carmelitern beiwohnte.

Vom Antichrist thät' er mir prophezeien,
  Und hat zum Held gen' ihn in Abenteuern
Vor Allem mich mit einem Schlag geweihet,
  Den scherzhaft er mir auf das Haupt gegeben;
  Doch meine Seele ihn des Ernstes zeihet.
Nichts traf so ernsthaft mich in meinem Leben:
  Der Antichrist erfüllet mich mit Schrecken,
  Und täglich mußt' ich vor dem Trüger beben.
Ich sah ihn stets gen mich die Hand ausstrecken:
  Allmächtiger, erleuchte meine Tage
  Und wolle mich vor meinem Feind verstecken!

Schwab verspricht dem geängstigten und kranken Clemens, wenn er schön still bleibe, werde er ihn demnächst mit zur Kirche nehmen, dann werde er dort seinen Namen Clemens singen hören. Der Knabe harrt ge-

---

[9]) Vielmehr im Tagebuch der Ahnfrau.

duldig und am Sonntag hält der treue Schwab sein Versprechen und trägt den Wiedergenesenen zum Carmeliterkloster:

Ich fühlte mich vom Sonnenschein erwarmen,
Und als wir uns dem alten Kloster nahten,
Gab an der Pforte ich den frommen Armen,
Die baarhaupt bittend uns entgegentraten,
Was ich besaß, sechs baare blanke Heller.

Er erzählt dann, wie ihn sein Führer in die Klostergänge blicken ließ und sie dann zur Kirche schritten.

Nun hörte ich durch blüh'nde Gartenhecken
Die Orgel aus der Kirche rührend klingen;
Mich faßte da ein nie gefühlt Erschrecken.
Als endlich zu der Kirche wir eingingen,
Des Weihrauch's süße Wolken mich umwallten,
An hohen Säulen gold'ne Engel hingen,
Der vielen Bilder seltsame Gestalten,
So stille und so kühl die hohen Bogen,
Wie unsere Schritte in den Hallen schallten,
Die Orgeltöne jubilirend zogen,
Und wie die Mönche zu den Stühlen schlichen:
So wunderbar hat nie mein Herz geflogen.
Der Alte machte mir des Kreuzes Zeichen,
Mit Weihewasser er mich tüchtig sprengte,
Befahl mir dann zu horchen und zu schweigen.
Die Seele sich in meine Ohren drängte,
Als laut im Chor sie meinen Namen sangen,
Entzücken sich mit tiefer Angst vermengte.
Die Worte mir wie Feu'r zur Seele klangen:
„O clemens, o pia, o dulcis virgo Maria!"
Ein ewiges Gefühl hatt' ich empfangen.
Ruft man mich Clemens, sprech' ich still; „O Pia!"
In meiner letzten Stund' dich mein' erbarme;
„O clemens, o pia, o dulcis virgo Maria,
Empfange meine Seel' in deine Arme!"

Das ist die Kindheit unseres Clemens, der Prolog und Typus seines folgenden Lebens. Die Terzinen aber über diese erste Jugendzeit sind nicht nur von wundersamer Schönheit, sondern sie sind auch deshalb so merkwürdig, weil sie wohl schon im Jahre 1810, also lange vor seiner Bekehrung und in Tagen geschrieben sind, von denen Clemens singt:

Die Liebe starb, die Hoffnung und der Glaube,
Was füllet jetzt die narbenvolle Brust?
Verbrannt das Herz, —. wie knirscht die todte Kohle!

Uebrigens vergleiche man, was Clemens Brentano in diesen Bruchstücken von seinen Kinderjahren mittheilt, mit dem, was Göthe von seiner Kindheit in „Wahrheit und Dichtung" erzählt, und der merkwürdige Unterschied zwischen diesen beiden genialen Söhnen derselben Stadt und derselben Zeit — sowohl als Kind wie als Mann — wird Jedem klar werden.

Schul- und Lehrlingsjahre.

Trotz des guten Willens seiner Eltern und der reichen Mittel, die ihnen zu Gebote standen, war die Erziehung unseres Clemens so ungeeignet, als nur möglich. Es ist ein buntes und widerspruchsvolles Durcheinander theils ungenügender theils verfehlter Erziehungsversuche, die er durchlaufen mußte in einer tollen Zeit, wo fast alles Alte eine Ruine und das Neue ein Chaos war.

Der Anfang war nicht schlecht und legte ein Zeugniß für den christlich guten Willen der Eltern ab. Sie thaten ihn in seinem zehnten Lebensjahre in das Pensionat eines Ex-Jesuiten, in der Nähe von Heidelberg, dem damals nicht wenige gute katholische Familien ihre Kinder anvertrauten. Allein er blieb daselbst kaum ein Jahr und, wie wir wiederum aus einem Briefe des Greises an seine Nichte Sophie von Schweitzer erfahren, gedieh ihm dieser Aufenthalt nicht zum Heil. „Als Knabe von etwa zehn Jahren," schreibt er,[10]) „ward ich in Pension bei einem alten, sehr frommen Ex-Jesuiten erzogen; ich entdeckte in dessen Büchersammlung eine deutsche Uebersetzung von Tasso's befreitem Jerusalem und las sie heimlich zu meinem großen Unsegen. Die Liebeshändel von Rinaldo und Chlorinde, und besonders die schöne Zauberin Armida verwirrten mein ganzes Gemüth und legten einen tiefen, ersten unzerstörlichen Grund, aus welchem mir viel verderbliche Leidenschaft aufgegangen, so daß mir von damals bis jetzt der Tasso als ein gefährliches Buch für die Jugend erschienen ist." Er erzählt dieses Beispiel, um seine Nichte zu einer strengen Revision der Bücher im Hause und zur Entfernung alles Schädlichen zu veranlassen. „Ich weiß aus eigener Erfahrung," mahnt er, „was Lesesucht durch Entdeckung solcher in Familien zerstreuter Büchernester für große Gefahren laufen kann. Schon das Eingehen in die Versuchung, ein Buch heimlich bei Seite zu bringen und ohne Wissen der Eltern zu lesen, wäre es auch nicht eben ein gefährliches, macht es dazu; denn auf diese Weise wird alles Böse gelernt und geübt; es sind dieses die Wege des Lugs und Trugs, der Nascherei, des Diebstahls und alles Bösen."

Wir kennen den Grund nicht, weshalb Clemens das Pensionat verließ. Die Eltern thaten ihn wieder nach Coblenz zur Tante Möhn, wo er das ehemalige Jesuiten-Gymnasium besuchte, das durch die Aufhebung und Vertreibung des Ordens und die neue Aufklärung gründlich verdorben und an Lehrtüchtigkeit und sittlich-religiöser Haltung sehr

[10]) 18. April 1842. G. Schr. IX, 427.

herabgekommen war. Joseph Görres, zwei Jahre älter als er, war einige Klassen über ihm. Gefördert hat ihn diese Schule sicherlich nicht, wenn auch die rheinische Natur und das noch von dem letzten Abendroth alter Zeiten beschienene bürgerliche und kirchliche Volksleben der rheinischen Residenz der Trierer Kurfürsten weckend und bestimmend auf sein poetisches Genie einwirkte und es frühzeitig entwickelte.

Allein kaum war wiederum ein Jahr verflossen, schon im Jahre 1789, mußte der hierzu kaum reife Knabe nach Frankfurt zurück, um bei seinem Vater, der von den Rechten der väterlichen Gewalt sehr strenge Begriffe hatte, die Handlung zu erlernen. Nichts konnte mit seinem ganzen Wesen in größerm Widerspruch stehen. Als er in seinem Alter fürchtete, die Verwaltung seines Vermögens selbst übernehmen zu müssen, da sein Bruder Franz sich von der Führung seines Handelshauses zurückzog und zur Ruhe setzte, schrieb er an denselben: „Es ist nicht wohl möglich, daß ein Mann wie Du, der sein Leben in großen Geschäften der Verwaltung mit solcher Treue und väterlicher Fürsorge zugebracht hat, sich eine Vorstellung von meiner gänzlichen Unfähigkeit zu so etwas, die an die Unfähigkeit eines Kindes grenzt, machen kann.“ [11]) Noch weniger entsprach das Leben, das er nun führte, dem Bedürfnisse seines Geistes und Herzens. Sein Geist hätte jetzt mit großen Wahrheiten genährt, sein Charakter durch Ordnung und freudige Selbstüberwindung gekräftigt, sein tiefes Gemüthsleben und seine mächtige Phantasie zu den rechten Wegen und Zielen geleitet werden sollen. Der Unterricht aber, den er im Rechnen, in kaufmännischen Kenntnissen und neuern Sprachen empfing, konnte seinen Geist nicht befriedigen; die trockenen Arbeiten des Comptoirs, das Copiren der Geschäftsbriefe, reizten nur seinen Witz und Muthwillen zu tollen Streichen. Dafür gehörte alle freie Zeit der Phantasie und ihrer wahl- und zügellosen Befriedigung. Glücklich, daß ihn der Adel seines Wesens vom Rohen und Gemeinen fern hielt und die tiefe Kindlichkeit seines Gemüthes, die ihn durch's ganze Leben begleitete, in jene Märchenwelt führte, die später ein Hauptgegenstand seiner Dichtungen wurde. In einer Speicherkammer, die als Rumpelkammer diente, wo das alte Weihnachtskrippchen, allerlei Spielwerk und Figuren, das Modell eines Seeschiffes, künstliche Blumen und alter Kleiderstaat aufbewahrt wurde, hatte er sich in einem leeren Fasse eine phantastisch ausgeschmückte Einsiedelei eingerichtet, welche er wegen des kuriosen Klanges sein Vadutz nannte; da saß er allein oder mit seiner Schwester Sophie und las Märchen und träumte sich Märchen. Hier entstanden in seiner Phantasie gewisse Bilder und Stimmungen, die den schönsten seiner

---

[11]) G. Schr. IX, 398.

Dichtungen zu Grunde liegen. „O Schatzkammer von Vadutz," schrieb er in spätern Jahren in der Vorrede zum Gockelmärchen,[12]) „was botest du alles dar! Vor allem entzückte mich ein kunstreicher Besatz von den Braut- und Festkleidern meiner Großmutter. Nie kann ich die Bauschen und Puffen von Seide und Spitzen vergessen, gleich Berg und Thal eines Feenlandes, gleich den Zaubergärten der Armida, von den Gewinden feiner, allerliebster Seidenblümchen labyrinthisch durchirrt . . . Diese biegsamen, unzerbrechlichen Zaubergärten legte ich um mich her und saß dazwischen, die drei Pomeranzen, das grüne Vögelchen, das tanzende Wasser von Gozzi lesend, und glaubte mich selbst einen verschäferten Prinzen, der voll Sehnsucht seine Lämmer in den Thälern dieses Paradieses weidete und nach Erlösung seufzte. Ich glaubte mich dann mit diesen Zaubergärten mitten in Vadutz, wo mir das Paradies, wie Lindachara's Gärtchen mitten in der Alhambra, eingeschlossen lag. Da lebte ich eine Märchenwelt, die über der Wirklichkeit wie ein Sternenhimmel über einer Froschpfütze lag." Die Märchen, die er in seiner Kindheit geträumt, hat er dann später, mit allerlei Elementen aus den Volksmärchen und Volksgebräuchen aller Völker bereichert und ausgestattet, in manchfaltiger Umgestaltung wiederum Kindern erzählt; dann, mit diesen kindlichen Spielen der Phantasie die tiefsten Ideen und den sinnreichsten Humor seines Geistes, die süßesten und schmerzlichsten Erinnerungen seiner Lebens- und seiner Seelengeschichte verbindend, hat er in viel spätern Jahren seine Märchen geschrieben, die zu einem großen Theile, wie zu den kostbarsten Kleinodien seiner Poesie, so zu den merkwürdigsten Gedenksteinen seines Lebens gehören.

Inzwischen ging es mit den kaufmännischen Studien und den tollen Streichen, womit Clemens gegen den ihm aufgezwungenen Beruf sich wehrte, immer schlimmer. Er offenbarte sich der Mutter: er könne unmöglich Handelsmann werden; er wolle studiren. Endlich erlangte die Mutter die Einwilligung des Vaters, und im Jahre 1793 brachte dieser selbst den Fünfzehnjährigen auf die Universität Bonn. Privatstunden, in Frankfurt begonnen und in Bonn fortgesetzt, sollten die fehlende Gymnasialbildung ergänzen. Sie hatten wenigstens den Erfolg, daß Clemens neben einer tüchtigen Kenntniß neuerer Sprachen eine perfecte Kenntniß des Lateinischen sich zu eigen machte. Die kurz zuvor, im Gegensatz zu der altberühmten katholischen Universität Köln, 1786 zu Zwecken josephinischer Aufklärung von Kur-Köln gegründete Universität Bonn bot zwar an seichtem Josephinismus und kirchenfeindlichem Illuminatismus, wie an offenem und verstecktem Jacobinerthum die Hülle

[12]) G. Schr. V, 7.

und Fülle, aber an wahrer Wissenschaft und gutem Geschmack außerordentlich wenig. Es haben übrigens jene schlimmen Elemente auf Clemens, der nur wenige Collegien besuchte, viel Muthwillen trieb und bald wieder von Bonn abzog, wohl keine erhebliche positive Einwirkung geübt. Schon im Herbst 1794 mußte der Kurfürst und Erzherzog Maximilian von Bonn entfliehen; bald nachher zogen die Truppen der französischen Republik ein. Schon geraume Zeit zuvor war Clemens nach Frankfurt zurückgerufen worden.

Mit seinem Studium und allen hochfliegenden Plänen schien es nun zu Ende zu sein. Die einigermaßen verstehende und schützende Mutter war schon am 19. November 1793 gestorben und in der Carmeliterkirche begraben worden. Der von dem Verluste tief gebeugte Vater verlangte mit Entschiedenheit, daß Clemens zur Kaufmannschaft zurückkehre, und derselbe scheint sich willig dem Befehle gefügt zu haben.

Damit aber das Unternehmen besser gelinge, als es im ersten Lehrlingsjahr im väterlichen Hause geglückt war, wurde Clemens zur bessern Ausbildung für sein Fach in die im höchsten Flore stehende Erziehungs-Anstalt zu Schnepfenthal unweit Gotha gethan. Ihr Vorsteher war der damals berühmte Pädagoge Salzmann. Ursprünglich protestantischer Pfarrer in Rohrbach bei Erfurt, war er dann an Basedow's Philantropin in Dessau Liturg gewesen; dann war er mit Letzterem zerfallen und hatte eine eigene Erziehungsanstalt nach gemäßigt Basedow'schen Grundsätzen und mit einem allgemein religiösen Anstrich in Schnepfenthal gegründet. Er war von schätzenswerther praktischer Tüchtigkeit und verschwommener rationalistischer Religiosität, wie er denn einst, da er noch in Dessau war, bei der Taufe eines seiner Kinder einen protestantischen, einen katholischen und einen jüdischen Pathen nahm. In Schnepfenthal hatte er jedoch einen katholischen Geistlichen als Religionslehrer für seine zahlreichen katholischen Zöglinge angestellt. Für unseres Clemens religiöse Ausbildung dürfte damit nicht viel gewonnen gewesen sein. Mag daher auch die Schnepfenthaler Pädagogik für formelle Bildung und Disciplinirung von einigem Nutzen gewesen sein, so ist sie doch sicherlich auch als ein Factor jener „allerlei Erziehungsmethoden ohne Segen" anzusehen, die ihn, wie er an seine Nichte schreibt, zur Schönwisserei und Schönfühlerei und endlich zum Schiffbruch auf eine Sandbank führen halfen.

Damit aber die Frucht der Schnepfenthaler Theorie durch tüchtige Praxis befestigt werde, brachte sein Vater ihn im Herbste 1795 bei einem soliden Handelsfreunde in Langensalza in die Lehre. Der schmucke, witzige, reiche junge Frankfurter war hier ein Gegenstand vielfacher Aufmerksamkeit. Er selbst reagirte zwar gegen die flache Kleinstädterei der protestantisch aufgeklärten und vom revolutionären Zeitschwindel angesteckten Provinzialstadt, meist durch Spott und Ironie, doch mußte dieser Aufenthalt nothwendig auch verflachend und erschlaffend auf ihn wirken. Von beidem gibt ein Brief aus dem Sommer 1796 an seinen Bruder Franz ein anschauliches Bild: „Meine Abende bringe ich im blauen Hause zu, welches eine Art Colleg für Kaufleute, Civilisten u. s. w. ist. Alle vierzehn Tage haben wir ein Concert, wobei die sämmtliche Damenschaft und Jungfräulichkeit von Langensalza in langen Taillen wie Lindwürmer im Garten herumkriechen. Sonntags geht alles nach Böhmen (einem Vergnügungsort), wo man sich ungenirt auf das Gras setzt und Bier aus hölzernen Stützen trinkt, das dick mit Citronen und Zucker vermischt ist. Alles tabakt und steckt die Pfeifen an Lunten an . . . Bis jetzt ist der Frankfurter, der Brentano beim Polex (Name seines Principals) das einzige Stadt- und Jungferngespräch wegen der schön gemachten Kleider und der breiten Taille, und vor Kußhändchen, Liebesblicken, Bestellungen und Dummheit wird mir die Freizeit von sieben bis elf Uhr zu einer eintausendstel Secunde.“ [13])

Jedoch enthält ein etwas früherer Brief an Franz auch ein merkwürdiges und schönes Zeugniß für die Gesinnung des noch nicht achtzehnjährigen Clemens: „Es ist entsetzlich,“ schreibt er, „wie wenig Religion hier unter Jung und Alt herrscht und welcher rasende Jacobinismus das ganze Volk, reich und arm, durchfrißt. Es ist unbeschreiblich, wenn ich dir sage, daß hier die Demokraten mit den Mainzer Clubisten gar nicht in Parallele stehen, und daß ich noch nicht einen einzigen Menschen fand (ich kenne doch schon ziemlich alles, was man gesitteten Menschen zuzählen kann), der nur vernünftig von der Sache gesprochen hätte: lauter echte Sansculottes, Schreier und Tober. Was das Frauenzimmer angeht, so kann man fast die Grenze der Sittsamkeit nicht so ausdehnen, daß man ihre Aufführung noch leidlich finden kann; man kann sich nicht vor der Thüre sehen lassen, ohne von allen Mädchen zuerst gegrüßt und bekußhandet zu werden.“ [14])

Man muß froh sein, daß die Langensalza'er Herrlichkeit nicht lange dauerte. Als sein Principal unter Clemens' Sachen ein von ihm verfaßtes Spottgedicht auf die Frau Principalin fand, fühlte er sich so tief gekränkt, daß er bei seinem Frankfurter Handelsfreund auf der Zurücknahme des Sohnes bestand. Ende 1796 ist Clemens wieder auf dem Comptoir seines Vaters. Allein bald führte der steigende Muthwille und Widerwille des Jünglings zu einer zweiten Katastrophe. Er mußte

---

[13]) G. Schr. VIII, 104.
[14]) G. Schr. VIII, 102.

copirend einen langwierigen Briefwechsel über ein verloren gegangenes Zuckerfaß mit einem Londoner Hause führen, und als er wieder einen großen Brief über den endlosen Streit abschreiben mußte, vermochte er es nicht über sich und zeichnete das bekannte Bild aus des Sebastian Brant Narrenschiff unter den Brief mit der Unterschrift:

Zwei Narren unter Einem Hut,
Der Dritte sie beschauen thut.

Die daraus entspringenden Unannehmlichkeiten führten den Vater zur definitiven Ueberzeugung, daß Clemens zum Kaufmann nicht tauge. Der Bruder Franz und Göthe's Mutter, die alte Hausfreundin, die längst den poetischen Knaben in besondere Affection genommen, intercedirten; der Vater willigte endlich ein, daß Clemens seine Studien wieder aufnehmen dürfe. Ehe jedoch die Ausführung folgte, am 9. März 1797, starb der Vater, 63 Jahre alt.

Als Clemens selbst fast 63 Jahre alt war, im Januar 1841, schrieb er von München an seinen Bruder Franz, wo er ihn anfleht, sein Vermögen in seiner Verwaltung zu behalten: „Ich habe einen alten, heiligmäßigen Priester gebeten, morgen das heilige Opfer für mich darzubringen, daß Gott das Herz meiner lieben Brüder rühre, einzig wegen meiner gänzlichen Unfähigkeit, meine zeitlichen Mittel noch ferner so lange redlich zu verwalten, bis er mir selbst die Gelegenheit an die Hand gebe, das Vermögen, das mir durch seinen Segen aus dem Fleiße meines seligen Vaters, den ich leider so oft betrübt habe, hinterlassen, und durch Treue und Mitleid meiner lieben Brüder so gut verwaltet worden, auf eine gottgefällige und den Menschen wohlthätige Weise so anzulegen, daß es den lieben Eltern und Geschwistern und auch mir armen Menschen Früchte und Erquickung bringe, wenn wir im Garten der Genugthuung wohnen." Auch Bettina gedenkt in einem Briefe an Clemens mit Rührung, jedoch in ganz anderer Weise, des Vaters, wo sie von dessen Schmerz am Begräbnißtage der Mutter erzählt, den sie als vierjähriges Kind zu beruhigen suchte: „Der Vater kann's nicht ertragen; wohin er sich wendet, muß er die Hände ringen, alles scheut seinen Schmerz. Die Geschwister fliehen vor ihm, wo er eintritt; das Kind bleibt, es hält ihn bei der Hand fest und er läßt sich von ihm führen. Im dunkeln Zimmer, von den Straßenlaternen ein wenig erhellt, wo er laut jammert vor dem Bilde der Mutter, da hängt es sich an seinen Hals und hält ihm die Hände vor den Mund, er soll nicht so laut, so jammervoll klagen! — Gesegnetes Haupt, das an seiner seufzenden Brust lag und, von seinen Thränen überströmt, ihm Linderung gab. — Werde doch auch so gut wie deine Mutter, sagte in gebrochenem Deutsch der italienische Vater." [15])

[15]) Frühlingskranz I, S. 129 und 130.

Der alte Italiener hatte in der deutschen Handels- und Krönungsstadt Reichthum und Ehre erworben, aber seinen genialen Kindern und der neuen Zeit war er nicht gewachsen. Doch war mit ihm in der Familie eine Säule alten Glaubens und alter Sitte gefallen. Wohl trat Franz an seine Stelle und in seine Wege; aber die Kinder der Maximiliane wurden mächtiger von der Welt dahingerissen. Clemens und Bettina tauchten tief unter im geistigen Zauberstrome der Zeit. Letztere erhob sich nie mehr aus demselben und starb wie sie gelebt, im Frühlingskranze, in der Günderode und im Briefwechsel mit Göthe uns das Bild ihrer Seele zurücklassend. Wie Clemens dahinfuhr, strandete und gerettet wurde, soll nun der Gegenstand unserer Betrachtung sein.

Jenenser Studentenjahre.

Im Herbste des Jahres 1797 zog Clemens zum zweiten Male zur Universität. Dieses Mal wurde Jena gewählt. Bei dieser Wahl haben ohne Zweifel eigene Neigung und fremder Rath, sicher auch der Großmutter La Roche und der Mutter Göthe's, zusammengewirkt. War ja Jena die vorzüglich durch die Wirksamkeit des damaligen wirklichen Geheimen Rathes und Kammer-Directors Wolfgang von Göthe restaurirte und in ihrer Art zur höchsten Blüthe gelangte Hochschule von Sachsen-Weimar. In der That vereinigten Jena und Weimar fast die ganze Glorie der neuen deutschen Poesie und Wissenschaft. Schiller war noch Professor der Geschichte in Jena; dort entwickelten Fichte und Schelling vor staunenden Zuhörern ihre Systeme; dort begründeten damals August Wilhelm und bald auch Friedrich Schlegel im Vereine mit Tieck und Novalis (Hardenberg) die romantische Schule. Die Zahl der aus allen Theilen Deutschlands zusammenströmenden Studenten stieg manchmal bis auf zweitausend. Im benachbarten Weimar thronten auf dem Gipfel ihres Ruhmes Wieland, Herder und in höchster Höhe Göthe. Letzterer hatte kürzlich „Wilhelm Meister's Lehrjahre" vollendet und eben „Hermann und Dorothea" erscheinen lassen. Alles war berauscht von eigener und fremder Genialität. Das Theater war der Brennspiegel, worin sich Geist und Kunst der auserwählten Genien der Menschheit sammeln und zur Bildung des Volkes als Cultus der Zukunft wirksam werden sollte.

Der Geist, der alles durchdrang und beherrschte, war der Geist eines idealisirenden Naturalismus. Es war der Naturalismus, nicht in der abschreckenden Gestalt eines derben und cynischen Materialismus oder eines blasirten Pessimismus, sondern der Naturalismus mit dem täuschenden Jugendreize eines ästhetischen Idealismus geziert und in das duftige Gewand überschwänglicher Hoffnungen gekleidet.

Wohl hätte man in den Schrecken der französischen Revolution die wahre Natur des Geistes, dem man diente, spüren können; aber in Deutschland war man und waren selbst die hervorragendsten Geister darüber in einer völligen Täuschung befangen. Man verdammte die Franzosen und ihre blutigen Greuel, war zum Theil im höchsten Grade conservativ, verwarf alles revolutionaire Wesen, man sympathisirte mit dem entthronten französischen Königthume und der verfolgten Religion, oder man hielt sich, wie namentlich Göthe, sorgfältig jede politische und sociale Unruhe vom Leibe, „ein politisch Lied, ein garstig Lied“; allein gründlicher, als im katholischen Frankreich in den Schrecken der Revolution, hatte sich der Abfall von allen Principien und Consequenzen des Christenthums im protestantischen Deutschland in friedlicher Weise vollzogen. Zur Zeit, als Clemens nach Jena ging, war in Norddeutschland der allgemeine Sieg des Rationalismus und Naturalismus bereits eine vollendete Thatsache. Im vollsten Maße gilt das von der schönen Literatur. Jene Richtung, welche, wie Klopstock, die den Griechen entlehnten klassischen Formen mit lutherisch gläubigem und zugleich mit deutsch-patriotischem Inhalte erfüllen wollte, war bereits überwunden. Der Geist der in Weimar vereinigten Dichterfürsten, den alternden Herder nicht ausgeschlossen, war wesentlich naturalistisch. Göthe, wie vielfach er sich auch in frühern Zeiten mit christlichen und katholischen Anschauungen berührt haben mag, war in seinem innersten Wesen Heide und machte von seiner protestantischen Confession nur Gebrauch, um die Freiheit seines heidnischen Standpunktes zu wahren. Humane und ästhetische Bildung war diesen deutschen Klassikern die einzige und wahre Erlösung; daraus entspringendes harmonisch gestimmtes menschliches Behagen galt ihnen als höchstes Ziel und einzige Seligkeit des Menschen.

Mit der Kunst und schönen Literatur ging die Wissenschaft jener Zeit Hand in Hand. Die Philosophie stand im Vordergrunde aller wissenschaftlichen Bestrebungen, aber eine ganz neue, die tiefsten Fundamente der Vernunftwahrheit umstürzende Philosophie. Denn nachdem der kantische Kriticismus die objective Wahrheit unserer Vernunfterkenntniß vernichtet und das Dasein Gottes und die Unsterblichkeit der Seele nur noch als Postulate der praktischen Vernunft nothdürftig gerettet hatte, war bereits durch Fichte und Schelling der idealistische Pantheismus zur Ausbildung gelangt. Die schimmernden Täuschungen dieser Philosophie standen aber mit der neuen ästhetischen Weltanschauung in bester Uebereinstimmung und innigster Verwandtschaft. Hielt Schiller noch an Kant's Deismus und moralischem Autonomismus fest, so hatte Göthe längst die Grundanschauungen des, Natur und Menschengeist vergötternden Pantheismus anticipirt und war für die Gründer der neuen Philosophie weit mehr Lehrer als Schüler gewesen.

Dieses also war die geistige Welt, oder wenn man lieber mit Göthe's Faust sagen will „die Traum- und Zauber-Sphäre“, in welche nun Clemens in Jena und Weimar eintrat — ein neunzehnjähriger Jüngling von überreicher dichterischer Begabung, unerschöpflicher Phantasie und sprudelndem übermüthigem Humor; auch seinem leiblichen Wesen nach von seltener Kraft und Schönheit; [16]) dabei reich genug, um unabhängig und ohne Sorgen leben zu können. Er trat in diese Zaubersphäre ein, ohne Führer, ohne religiöse Durchbildung und gefestigten Charakter, im angestammten Glauben schon erschüttert, religiöser Uebung entwöhnt, bereits durch Lectüre und Umgang tief in die Geistesströmung der Zeit hineingezogen; dabei unbefangen wie ein Kind und ganz erfüllt von einem mächtigen und unbestimmten Drange nach einem unaussprechlichen Ideale. Dazu hatte Clemens Brentano in Jena wie in Weimar willkommenen Zutritt in die bevorzugtesten Kreise der literarischen und künstlerischen Welt. Göthe nahm den Landsmann, den Sohn einer ihm so nahe stehenden Familie, mit Herzlichkeit auf und hatte seine Freude an ihm. Wieland bestrebte sich, dem Enkel der Sophie de la Roche eine väterliche Zärtlichkeit zu beweisen.

Wäre es zu verwundern gewesen, wenn Clemens ganz und auf immer die Wege der literarischen Größen der damaligen Zeit und ihrer Epigonen bis auf den heutigen Tag eingeschlagen hätte? Es ist nicht

[16]) Der Anblick seiner, einige Jahre später vom Bildhauer Tieck, dem Bruder des Dichters, verfertigten Marmorbüste begeisterte Sophie Mereau zu folgendem Sonett, das zur Portraitirung des Dichters und Charakterisirung der uns bald näher beschäftigenden Dichterin, hier eine Stelle finden möge:

Welch' süßes Bild erschuf der Künstler hier!
Von welchem milden Himmelsstrich erzeuget?
Nennt keine Inschrift seinen Namen mir,
Da diese holde Lippe ewig schweiget?

Nach Hohem lebt im Auge die Begier,
Begeist'rung auf die Stirne niedersteiget,
Um die, nur von der schönen Locken Zier
Geschmücket, noch kein Lorbeerkranz sich beuget,

Ein Dichter ist es. — Seine Lippen prangen,
Von Lieb' umwebt, mit wunderseel'gem Leben,
Die Augen gab ihm sinnend die Romanze,

Und schalkhaft wohnt der Scherz auf seinen Wangen.
Den Namen wird der Ruhm ihm einstens geben,
Das Haupt ihm schmückend mit dem Lorbeerkranze.

geschehen; ja er ist einen diametral entgegengesetzten Weg gegangen; freilich entschieden erst in spätern Jahren. Allein ehe wir den Lebenslauf unseres Dichters weiter verfolgen, ist es lehrreich, den Momenten nachzuforschen, welche schon von Anfang an unserm Clemens, der Uebermacht der ihn umgebenden Strömung gegenüber, eine heilsame Unabhängigkeit bewahrten und sein späteres Leben vorbereiteten.

Das Erste war die Originalität, Selbständigkeit und Wahrhaftigkeit seines Wesens. Clemens war von einer ungemeinen Zartheit und Weichheit des Gemüthes, zugleich eine zur heftigsten Leidenschaftlichkeit geneigte Natur. Daher konnte er bald schüchtern, verzagt, tief traurig sein, bald in Trotz und Zorn aufflammen, bald in Uebermuth und Sarkasmus alles niedertreten, bald mit einem sich selbst vergessenden Enthusiasmus plötzlich an eine Sache oder an eine Person sich hingeben. So konnte er fallen und hingerissen werden, und oft auch bei verständigen und wohlmeinenden Leuten die ungünstigsten Urtheile über seinen Charakter veranlassen. Aber dauerhaft fesseln konnte ihn nichts, was er nicht als wahr und gut, als das Höchste und Beste erkannt hatte. Menschliche Autoritäten und Parteien konnten nie eine bleibende Herrschaft über ihn gewinnen; gegen Mode und Zeitgeist war er stets mit Verachtung erfüllt; alles Scheinwesen war ihm verhaßt; wo er an einem Menschen Eitelkeit, Anmaßung oder etwas Gemachtes spürte, fühlte er sich unwiderstehlich abgestoßen. Dagegen fühlte er sich zu dem Unscheinbaren und Verachteten, wenn nur etwas Wahres und Gutes darin war, vor allem aber zur Einfalt und Kindlichkeit, deshalb auch zu den Kindern hingezogen. Unleidlich war ihm der Gedanke, von Andern in dem Heiligthum seines innersten Wesens angetastet oder beeinflußt zu werden. Das waren Eigenschaften, die zum Theil gefährlich werden konnten, die aber auch sehr geeignet waren, ihn vor dem Schlimmsten zu schützen, nämlich menschlichen Meinungen und unwahrem Scheine, oder, kurz gesagt, der Welt hörig zu werden. Das, was man so recht eigentlich Welt nennt, war unserm Clemens immer, auch in seinen schlimmsten Zeiten, von Herzen zuwider; wie viel er in ihr sich bewegte, ist er nie in ihr heimisch geworden.

Ich schaud're bei dem bunten Kram
Von Anstand und von Lügen,
Ich muß die Wahrheit und die Scham
Mit Schicklichkeit betrügen.

Ja lügen und trügen;
Der Tag bricht doch an,
Mit zürnenden Zügen
Blickt Wahrheit mich an.

Diese Strophe aus dem 1817 gedichteten Liede: „O wär' ich dieser Welt doch los" spricht ganz das Gefühl und die Gesinnung aus, die ihn stets im Treiben der Welt begleiteten und sich auch so oft in seinem Benehmen kund gaben.

Eine zweite gute Gabe, die Clemens besaß, war ein ungewöhnliches Maß eines klaren, rasch und tief treffenden gesunden Menschenverstandes, verbunden mit einer wahrhaft divinatorischen Menschenkenntniß. Er klagt in seinen spätern Briefen öfter über letztere, ihn selbst quälende Gabe, an den Menschen sofort ihre Charakterschwäche und sittlichen Gebrechen wahrzunehmen, weil er dadurch in so viele Sünden des freventlichen Urtheils falle. Allein dieser gesunde Scharfsinn, dieser richtige Instinct täuschten ihn fast nie und waren ihm in einem Zeitalter, wo Phrase und Sophistik herrschten, ein starker Schutz. Die neue Philosophie, namentlich der pantheistische Idealismus, konnte ihn nicht berücken; dagegen finden wir schon in Schriften aus seiner frühern Zeit oft in wenigen Zügen eine frappante Kritik derselben. Eben so wenig hat eine der dominirenden Persönlichkeiten einen bestimmenden Einfluß auf ihn gewonnen; selbst Göthe nicht, obwohl er denselben vor allen Andern, nicht nur wegen seiner dichterischen, sondern auch wegen seiner menschlichen Tüchtigkeit stets hochschätzte. Der alte Wieland dagegen mit seiner oft lächerlichen Eitelkeit war ihm wenig sympathisch. Das ästhetische und geistreiche Treiben der Menge in Weimar flößte ihm keinen Respect ein. In jenen Jahren hatte er seine Lust und übte seinen Witz daran, aber es beherrschte ihn nicht. „Alles", schreibt er an Bettina, [17]) „ist hier von einer Muse des Uebermuthes genährt; keiner geht über die Straße ohne persönliches Gefühl des Mitwirkens in der tollen Alltäglichkeit, selbst bis auf den Friseur, der einer der wichtigsten Cavaliere ist. Das ganze Windmühlenwerk der Künste ist fortwährend im Gang, die Hand des Tonkünstlers und der Fuß des Tänzers klappen in einander, die Kunstreihe körperlich geistiger Fertigkeiten wird durch einen Aufwand geistiger Regierung auf's Höchste gesteigert. Fragen, Suchen und Finden sind drei verschiedene Ichs, die überall sich beisammen finden, sie bilden wie eine Oelschlagmühle eine Witzschlagmühle. Nun schlagen auch noch die Nachtigallen dazu. Zwischen den blühenden Büschen wandeln Deutschlands größte Geister, eingehüllt in den Nimbus ihres Namens; es ist für einen Anekdotenjäger das beste Revier. Wärest du hier, wir würden unsere Zeit auf's beste genießen und du würdest auf dem Schmetterlingsflügel der Welt wie auf einem Teppich dich tummeln; denn so möchte ich Weimar nennen, statt deutsches Athen, mit welchem absurden Namen es sich prahlt. — Ich bleibe auf jeden Fall einige Zeit hier, wo du mich

[17]) Frühlingskranz I. 389 ff.

gern wissen sollst; denn ich bin sehr gern und glücklich hier und streife meinen Mißmuth ab wie eine alte Schlangenhaut. Nur das Salbadern über Herder's Tod langweilt mich; aber auch hierüber ist ein Scherz nicht unwillkommen:

Herder ist von uns gegangen,
Göthe sieht ihm traurig nach;
Wieland trocknet seine Wangen
Und Amaliens Herze brach.

Diese empfindsame Gesellschaft habe ich, wie sie im Vers beschrieben ist, mit schwarzer Kohle auf die weiße Gartenmauer vor Göthe's Garten, der in den Park führt, abgemalt; alles ist hingegangen, es zu betrachten. Der abgehende Herder und der weinende Wieland sind unwiderstehlich gelungen." Dieses Bildchen kann zugleich ein für alle Mal genügen, um uns den jugendlichen Clemens in seinem Muthwillen vor Augen zu stellen.

Allein es war von Anfang an, auch in der Zeit seiner tollsten Launen und seiner schwersten Verirrungen, etwas Höheres in ihm, das ihn zu seinem Ziele führte: die starke, ihn nie in Ruhe lassende Sehnsucht nach dem unendlich Guten und Schönen und die nie sich verleugnende Wahrhaftigkeit seines Gewissens. Wohl hatte er eine Zeit, wo er die Befriedigung seiner Sehnsucht mehr in der eigenen Göttlichkeit, in der Poesie, in der Liebe und Freundschaft gleichgesinnter und auserwählter Menschen, als im lebendigen Gott zu finden glaubte, wie er einmal an seine Schwester Bettina schreibt: [18]) „Wenn du dich dem eigentlichen Wesen der Kunst und Poesie hingeben wolltest, so würdest du Ruhe, Friede und Glück genießen; du würdest als wahr empfinden, was ich dich immer gelehrt habe, daß nur der Mensch kann geliebt werden, in sofern er ein wahrer Spiegel des Ewigen und Göttlichen wird." Allein er setzte sich nicht fest in dieser Täuschung und erkünstelte sich nicht darin eine Ruhe, wie Göthe, der dennoch von sich bekennen mußte, daß er kaum je einen ganz glücklichen Tag in seinem Leben gehabt habe. Daß aber Clemens in solcher Täuschung sich nicht festsetzte, hatte seinen Grund in der Kraft und Lebendigkeit seines Gewissens, das zwar in den Zeiten seiner Verirrungen ein weites und öfter ein irriges, niemals aber ein todtes Gewissen war. Deshalb hat sich in wenig uns bekannten Persönlichkeiten der neuern Zeit die Wahrheit des Augustinischen Wortes: „Du, o Gott, hast uns für Dich geschaffen, und unruhig ist unser Herz, bis es ruhet in Dir" so lebendig und kernhaft erprobt, als in Clemens Brentano. In einem nach seinem Tode aufgefundenen Brief-Fragment hat er folgendermaßen von sich selbst geschrieben: „Keine Speise hat seinen Hunger gestillt . . .

[18]) Frühlingskranz I, 351.

Woher, fragte er sich, dieser ewige Hunger, diese stete Begierde nach Ersättigung, nach einem Genügen im Menschen? Warum keine Ausbeute aus allem zeitlichen Ringen und Streben, als die Erkenntniß Salomon's, daß alles eitel ist? Da sagte ihm eine Stimme: Gott ist sich selbst genug, Ihm kann nichts genügen, als Er selbst; der Mensch ist nach Seinem Ebenbilde geschaffen, wird aber von Sehnsucht und Hunger gequält, seit er von Gott abgefallen und die verbotene Frucht genossen hat. Der arme Mensch, der die Ebenbildlichkeit Gottes verloren hat, kann nie mehr ersättigt werden, kann kein Genüge mehr finden, denn er kann sich nicht mehr selbst genügen." Doch wir stehen erst am Anfang des Labyrinthes, aus dem unsern Clemens dieser Faden führte.

Nur das Eine sei noch, um sein Leben uns in jeder Beziehung verständlich zu machen, bemerkt, daß Clemens, obwohl er Vieles vor Gott zu beweinen hatte, allezeit, zumal in seiner Jugend, allem Niedrigen und Gemeinen fremd und fern war. Auch sind wir nirgendwo in seinen Briefen einem frivolen Wort oder einem Spott über Heiliges begegnet. Allerdings kommen im „Frühlingskranze" in den Briefen der Bettina an Clemens nicht wenige ungläubige, frivole, ja blasphemische Stellen vor; allein in den Briefen des Clemens an sie ist keine derartige Stelle zu finden, wohl aber Aeußerungen, die von religiösem Ernste und von Liebe zum alten Christenthume zeugen. So, wenn er angesichts der sittlichen Verdorbenheit, welche Unglaube und falsche Bildung namentlich in der gebildeten Frauenwelt verbreiteten, an Bettina schreibt: „Kein treuer und unschuldiger Greis und Vater kann würdigere Thränen weinen als um den Untergang der Religion — so ganz, was der kräftige, unschuldige gemeine Mann Religion nennt, nicht das neue Wort." Eines der stärksten Zeugnisse für den höhern Adel im ganzen Wesen unseres Clemens scheint auch in der Thatsache zu liegen, daß die edelsten Männer sowohl unter Katholiken als unter Protestanten es waren, welche mit ihm und mit denen er in inniger, bleibender Freundschaft gestanden hat; so unter den Protestanten ein Achim von Arnim, Savigny und Böhmer, unter den Katholiken ein Sailer und Diepenbrock, ein Dietz und Görres.

Da Clemens keiner einzelnen Fachwissenschaft sich widmete, hielt er sich zu dem, was man auf Hochschulen die philosophische Facultät nennt. Aber, wenn nicht seine ganze Natur, hat die damalige Philosophie, wie wir bereits bemerkt, ihm alle Philosophie verleidet. Doch glauben wir, daß in manchen Briefen aus jener Zeit, die im „Frühlingskranz" uns aufbewahrt sind, Spuren damaliger philosophischer Denk- und Redeweise sich finden. Der eigentliche Gegenstand seiner Studien waren die schöne Literatur und die bildenden Künste.

Clemens Brentano erwarb sich im Laufe der Jahre eine sehr umfassende Kenntniß der ältern und neuern schönen Literatur der germanischen und romanischen Völker, wobei seine gute Kenntniß der französischen, italienischen, spanischen und englischen Sprache, auch der altdeutschen und altfranzösischen Mundart ihm treffliche Dienste leistete. Auch in den bildenden Künsten besaß er ein ausgebreitetes Wissen und noch mehr ein, durch vielfältige Anschauung der Kunstwerke — wozu ihm seine Reisen und sein längerer Aufenthalt in Dresden, Köln, Düsseldorf, Straßburg, Berlin, Prag und Wien Gelegenheit boten — und durch vielfältigen Umgang mit tüchtigen und geistvollen Künstlern seiner Zeit ausgebildetes, tiefes Verständniß und feinen Geschmack, wie so viele Stellen seiner Schriften beweisen. Es wäre daher gewiß unrichtig, wenn man sich das Leben unseres Clemens, weil er nie einem bestimmten Berufe sich widmete und kein Brodstudium trieb, als einen genialischen Müßiggang oder als ein planloses Nippen und Naschen an diesem und jenem vorstellen würde. Die Spuren eines ernsten und beharrlichen Denkens und Arbeitens lassen sich durch seinen ganzen Lebenslauf hin verfolgen und in seinen Werken nachweisen. Namentlich hatte er schon in den ersten Jahren seines Jenenser Lebens das Studium der damals noch sehr vernachlässigten Poesie und Volksliteratur unserer deutschen Vorzeit begonnen. Mit Bienenfleiß sammelte er aus schriftlichen Quellen und mündlichen Mittheilungen mittelalterliche und nachmittelalterliche Lieder, Chroniken, Volksbücher, Gebetbücher und machte sich vertraut mit den Sagen und Gebräuchen unseres Volkes, wie er auch hierher einschlagende bildliche Darstellungen ankaufte und sammelte. Wenn er hierbei allerlei literarischen Curiositäten und Raritäten allzu viel Aufmerksamkeit schenkte, so mag man dieses seiner Laune zu gute halten. Wie sehr er aber das wahrhaft Schöne und Wahre der mittelalterlichen Kunst und Poesie erkannte, und ein wie tiefes, lebendiges Verständniß er sich davon erworben hatte, werden wir später in einigen Beispielen sehen. Auch von Wesen und Aufgabe der darstellenden Künste hatte er tiefe und richtige Ansichten. Sein Vortrag eigener und fremder Dichtungen war von hoher Vollendung und hinreißender Wirkung. Gern sang er seine Lieder nach improvisirten Melodien zur Guitarre, nicht um sich zu produciren — denn komödiantenhafte Eitelkeit war ihm immer zuwider — sondern aus Lust an Lied und Klang, mit freier Unbefangenheit und zur Erfreuung ihm sympathischer Menschen. So hat er noch in spätern Jahren, während er in größeren Gesellschaften schwieg, Böhmer in einsamer Stube seine Lieder vorgesungen. Auch im Zeichnen, Portraitiren und Componiren von Zeichnungen hatte er ein nicht gewöhnliches Geschick. Auch das möge erwähnt sein, daß seine

Handschrift eine charakteristische und dabei eine überaus schöne und zierliche war.

Clemens schloß sich in Jena der eben entstehenden romantischen Schule an. Es war dieses für ihn im Ganzen glücklich und heilbringend. Die Romantik war eine gesunde und nothwendige Reaction einestheils gegen einen den modernen und christlichen Völkern immer unnatürlichen und verderblichen antiken Klassicismus, anderntheils und zunächst gegen jene philisterhafte Poesie mit seichter Scheinmoral und wirklicher Frivolität, wie sie, als würdiges Seitenstück zur rationalistisch-sentimentalen Aufklärungsreligion, damals der Gunst des großen Publicums sich erfreute und so recht eigentlich in Kotzebue, dem Liebling dieses Publicums, verkörpert war. Ueberdies durchbrach die romantische Schule in der schönen Literatur gänzlich die engherzigen Schranken, welche bisher das protestantische Deutschland vom Mittelalter und von der so überreichen Poesie der romanischen Völker geschieden hatten. Ein wahrhaft klassisches Muster der Verbindung eines extremen antiken Klassicismus und eines vorurtheilsvollen rationalistischen Protestantismus besitzen wir an dem alten Voß, dem unliebenswürdigsten und intolerantesten unter allen Dichtern. Allerdings hatte bereits Lessing, noch mehr Herder, und am meisten Göthe die eben bezeichneten Schranken durchbrochen. Lessing hatte gegen den französischen Klassicismus wie gegen lutherische Orthodoxie gekämpft und auf Shakespeare hingewiesen. Jedoch blieb Letzterer, auch nach der noch sehr unvollkommenen und formlosen Uebersetzung Eschenburg's und Wieland's, immer noch wenig gekannt und gewürdigt in Deutschland. Die großen italienischen und spanischen Dichter, insbesondere Calderon, waren fast ganz unbekannt. Erst durch die Romantiker, insbesondere die Schlegel und Tieck, wurden sie durch musterhafte und schwungvolle Uebersetzungen uns nahe gebracht. So erschlossen die Romantiker zunächst dem künstlerischen Bewußtsein wahrhaft eine neue Welt. Ueber dieser Welt aber stand ein anderer Himmel und sie war durchströmt von einer andern Luft, als man bisher gewöhnt war; es war der Himmel und die Luft des katholischen Südens, des katholischen Mittelalters. Auch wo die Poesie bisher nationalen Stoff behandelte, hatte sie entweder, wie Klopstock, bis zu Hermann dem Cherusker zurückgegriffen, als ob allein in der alten Heidenzeit echtes Deutschthum zu finden, oder man hatte, wie Göthe in Götz und Egmont, oder Schiller im Wallenstein, die Reformationszeit gewählt, als ob nach Hermann und Thusnelda erst mit dieser wieder eine deutsche, poetischer Behandlung würdige Zeit begonnen hätte. Wenn Lessing im Nathan in die Zeit der Kreuzzüge zurückgreift, so gilt es, Judenthum und Mohammedanismus gegenüber einem Zerrbild katholischer Heldenzeit im Sinne moderner Aufklärung zu verherrlichen. Wenn aber Schiller in der Jungfrau von Orleans, in Maria Stuart und in manchem seiner Gedichte, ob auch mit wenig Verständniß, katholische Gestalten poetisch darzustellen sucht, so geschah es unter dem Einfluß der romantischen Periode. Ganz anders war es mit den Romantikern. Sie wendeten wirklich der katholischen Poesie des Mittelalters und des katholischen Südens ein gründliches und begeistertes Studium zu und machten nicht nur ihr Zeitalter mit den katholischen Dichtern und ihren Werken bekannt, sondern versuchten auch selbst und nicht ohne Erfolg im Geiste derselben zu dichten, wie sie auch zu wesentlicher Vervollkommnung der deutschen Sprache deren Formen reproducirten. Durch alles dieses wurden die Romantiker aber auch zu den religiösen und sittlichen Ideen hingeführt, welche die Seele der mittelalterlichen wie der romanischen Poesie und Kunst der nachreformatorischen Zeit bilden. Auch Shakespeare — mag er persönlich Katholik gewesen sein, was wahrscheinlich, oder nicht — gehört dieser Sphäre an: denn er ist noch ganz von den Anschauungen und dem Geiste der alten katholischen Zeiten erfüllt, nicht in Aeußerlichkeiten, sondern dem innersten Wesen nach, in seiner ganzen Auffassung der Tugend und des Lasters, des menschlichen Wesens und der menschlichen Leidenschaften, der Schuld und Sühne und des Waltens der göttlichen Gerechtigkeit, was sich alles in den Shakespear'schen Dramen von analogen Auffassungen moderner Dichter, namentlich Schiller's, wie ächter Wein von künstlichem Getränke unterscheidet.

Die Romantiker wurden aber auf diese christlichen und katholischen Ideen nicht nur als auf höchst poetische Elemente geführt, sondern sie erfaßten sie auch als wirksame und welterneuernde Wahrheiten und Kräfte in der welthistorischen Krisis, in welche ihre Zeit fällt. Mit der Blüthezeit der protestantischen Aufklärung, und parallel mit dem katholischen Josephinismus, war die tiefste Erniedrigung Deutschlands und aller Völker zusammengefallen. Je abscheulicher die Revolution im Innern Frankreichs sich entwickelte je furchtbarer der aus ihrem Geist und Fleisch entsprungene Napoleonische Despotismus auf die Völker drückte und die schon zuvor vorhandene Corruption zur vollen Entfaltung brachte, um so mehr erwachte in edleren Geistern die Sehnsucht nach Wiederherstellung, und in um so höherm Glanze stellten sich ihnen die vergangenen Zeiten christlicher Sitte und heroischer Größe dar. So entzündete sich in ihnen der Gedanke, daß das Christenthum, wie es in den katholischen Zeiten und in der katholischen Kirche wirksam gewesen, wiederum die Welt erneuern müsse. Das war nun ein Standpunkt, der für Göthe, ob er auch in der Poesie vielfach ein Romantiker vor den Romantikern gewesen, durchaus fremd, ja antipathisch war. Denn gewiß urtheilt Friedrich Schlegel[19]) richtig über ihn, wenn er von seiner Gesinnung im Gegensatz zu seiner Dichtung schreibt: „In Rücksicht auf die Denkart aber, wie sie sich auf das Leben bezieht und das Leben bestimmt, könnte Göthe wohl auch ein deutscher Voltaire genannt werden; ein deutscher allerdings, wie überall so auch hierin, da selbst der poetische Uebermuth und die Ironie bei dem Deutschen ernstlich poetischer, und dann gutmüthiger sich kund gibt, redlicher und ernstlicher gemeint ist, als bei dem Franzosen, der seine Indifferenz und seinen Unglauben kundgibt, und Spott treibt mit dem eigenen Unglauben. Indessen wird doch auch in Göthe oft unter all' der manchfaltigen Bildung, der geistreichen Ironie und dem nach allen Seiten hinströmenden Witze fühlbar, daß es dieser verschwenderischen Fülle des mit Gedanken spielenden Geistes an einem festen innern Mittelpunkte fehlt." Diesen Mittelpunkt zu finden, darauf hatte Göthe in kalter Vornehmheit und satter Selbstzufriedenheit längst verzichtet. Allein die Romantiker suchten ihn und erblickten ihn von Ferne in der alten Mutterkirche, von der Novalis (in dem Aufsatz „die Christenheit oder Europa") schreibt: „Es waren schöne und glänzende Zeiten, wo Europa ein christliches Land war, wo Eine Christenheit diesen Welttheil bewohnte; Ein großes gemeinsames Interesse verband die Provinzen dieses geistlichen Reiches," und wiederum: „Angewandtes, lebendiggewordenes Christenthum war der alte katholische Glaube. Seine Allgegenwart im Leben, seine Liebe zur Kunst, seine tiefe Humanität, die Unverbrüchlichkeit seiner Ehen, seine menschenfreundliche Mittheilsamkeit, seine Freude an Armuth, Gehorsam und Treue, machen ihn als ächte Religion unverkennbar und enthalten die Grundzüge seiner Verfassung." Dabei aber waren die Romantiker noch weit vom wirklichen katholischen Christenthum entfernt; sie träumten vielfach von einem neuen und höhern Christenthum, von einer Kirche der Zukunft, in der das alte Christenthum mit der neuen Wissenschaft und die unter einander getrennten Confessionen in einem höhern Dritten ihre Versöhnung feiern würden. Eichendorff, der diese ganze Bewegung mit durchlebt hat und selbst zu den bedeutendsten Dichtern der romantischen Schule gehört, dabei aber durch seine klare katholische Ueberzeugung und die Nüchternheit seines Urtheils über die Täuschungen und Irrungen jener Bewegung erhaben war, hat diesen Zustand der Geister in seiner Einleitung zur Geschichte der neuern Romantik mit kurzen und treffenden Worten geschildert. Die der Romantik unmittelbar vorhergehende, ganz vom Rationalismus beherrschte

[19]) Gesch. d. alten und neuen Literatur. 16. Vorles. (Sämmtl. Werke. 2. Orig.-Ausg. Wien 1846, 2. Bd., S. 228.)

Zeit, sagt er, hatte ihre höchsten Blüthen, bis zur rhetorischen Idealität Schiller's und zur symbolischen Naturpoesie Göthe's, erschlossen. „Aber der deutsche Geist fand hierin kein Genüge und keine Ruhe; die Saatkörner, welche Lessing, Hamann und Herder ausgestreut, gingen in dem sich unbefriedigt fühlenden deutschen Norden auf. Die Vermittelung zwischen der sichtbaren Natur, wie sie bei Göthe in der schönsten Form in ihrer symbolischen Bedeutung erschienen war, und der Welt des Unsichtbaren unternahm ein neues Geschlecht. Allegorie und Symbolik genügten ihm nicht mehr; es verlangte nach einem wesentlichern Inhalte, nach einer nahrhaftern Speise für den hungernden, an sich selbst nagenden Geist. So wurde es auf das Positive wieder hingeführt. Göthe's Wirklichkeit und Schiller's Ideal hatten für dasselbe nur Bedeutung in Bezug auf ein Drittes über ihnen, wo beide bereits versöhnt und eins sind, auf die Menschwerdung Christi, des göttlichen Vermittlers von Natur und Freiheit. Diese Idee erfassend, erklärten sie sich mit jugendlich feueriger Begeisterung zu Rittern des Christenthums wider den herrschenden Rationalismus, und nahmen zugleich auch alles zu Hülfe, was das Christenthum in den Jahrhunderten der Vergangenheit, da es geherrscht, in der Literatur der Völker hervorgebracht hatte. Freilich aber äußerte sich dieses Bestreben zunächst, da die Jünger ihre Milch an einer ganz andern Brust getrunken, und in einer andern Luft aufgewachsen waren, als ein unsicheres Suchen und Herumtappen einer sich selbst kaum verständlichen Sehnsucht. Die Poesie hatte sie vor die Thüre der katholischen Kirche, vor das im Walddickicht versteckte und längst vergessene Heiligthum hingeführt; kein Wunder daher, wenn sie ihre Aufgabe, die zur guten Hälfte eine ethische war, vorzüglich als eine ästhetische nahmen, und statt der sichtbaren lebendigen Kirche sich nicht selten in einem träumerischen Halbdunkel mit einer bloßen poetischen Symbolik dieser Kirche, einer neuen christlichen Mythologie abzufinden suchten. War jene Zeit ja doch selbst eine Feenzeit, da das Lied, das in allen Dingen gebunden schläft, zu singen anhob, da die Waldeinsamkeit das uralte Märchen der Natur wiedererzählte, von verfallenen Burgen und Kirchen die Glocken wie von selber anschlugen und die Wipfel sich rauschend neigten, als ginge der Herr durch die weite Stille, daß der Mensch in dem Glanze betend niedersank. Es war, als erinnerte das altgewordene Geschlecht sich plötzlich wieder seiner schönern Jugendzeit, und eine tiefe Erschütterung ging durch alle Gemüther, da Schelling, Steffens, Görres, Novalis, die Schlegel und Tieck das Tagewerk begannen". [30])

---

[30]) Geschichte der poet. Literatur Deutschlands. 2. Aufl. Paderb. bei Schöningh. 1861. 2. Bd., S. 1—3.

Diesem unbestimmten Doppelcharakter der Romantik entsprechend, gestaltete sich auch der Lebensgang ihrer hauptsächlichsten Träger und Jünger. Schelling war immer Pantheist und hat mit der Romantik nur gespielt. Der redliche und begeisterte Novalis hatte zwischen tief katholischen und pantheistischen Anschauungen geschwankt und war, ehe er zur Klarheit gelangte, in der Jugendblüthe gestorben und, recht charakteristisch, von Schleiermacher, dieser Mischung von spinozistischem Pantheismus und herrnhutischem Pietismus, als „heiliger Jüngling" in der Leichenrede verherrlicht worden. Andere, wie August Wilhelm Schlegel und Tieck, waren bis an die Schwelle, wenn nicht gar über die Schwelle der Kirche gelangt, hatten sich aber dann eines andern besonnen, hatten mit Zeit und Welt ihr Abkommen getroffen und waren in weltläufiger Verständigkeit allmälig erkaltet. Andere dagegen, wie Friedrich Schlegel und seine geistvolle Frau, Dorothea Veit, desgleichen Zacharias Werner, kehrten zur Kirche zurück und wurden Zierden derselben, jene im Laien-, dieser im Priesterstande. Clemens Brentano bedurfte einer eigentlichen Conversion nicht, wohl aber einer gründlichen Bekehrung. Allein die Romantik hat ihm, wie wir sehen werden, nicht dazu verholfen; aber immerhin war sie besser als jede andere Strömung seiner Zeit geeignet, ihn vor jener rationalistischen Versteinung des Herzens zu bewahren, die keine Neubelebung und Auferstehung mehr hoffen läßt, und ihn zu Studien zu veranlassen, die ihn mehr und mehr in das Leben der gläubigen Vorzeit einführten.

Als jedoch Clemens nach Jena kam, da hatte sich die Romantik noch nicht zu jenen reineren und lichteren Bahnen erhoben, die wir angedeutet haben. Damals herrschte noch ihre Nachtseite vor. Friedrich Schlegel selbst, den man als das Haupt der Romantiker bezeichnen kann, war noch ganz in dem Ideenkreise pantheistischer Naturphilosophie und der Vergötterung des von jedem Gesetz außer ihm freien Genie's verstrickt, wovon er in seiner „Lucinde" schrieb: „Alle Selbständigkeit ist Originalität und alle Originalität ist moralisch. — Man hat nur so viel Moral, als man Sinn für Poesie und Philosophie hat. — Jeder vollständige Mensch hat einen Genius; die wahre Tugend ist Genialität. — Wenn jedes unendliche Individuum Gott ist, so gibt's so viele Götter als Ideale. Auch ist das Verhältniß des wahren Künstlers und Menschen zu seinen Idealen durchaus Religion. — Nur das kann ich für Religion gelten lassen, wenn man voll von Gott ist, wenn man nichts mehr um der Pflicht willen, sondern alles aus Liebe thut, bloß weil man es will, und wenn man es nur darum will, weil Gott es sagt, nämlich der Gott in uns." Der freien Theorie entsprach leider vielfach auch die Praxis. Wie das absolute Königthum des 18. Jahrhunderts wähnte, die Gesetze der Sittlichkeit und des Rechtes, welche die Unterthanen binden, hätten keine bindende Kraft für die Könige, so dachten vielfach auch diese Dichterfürsten. Es waren die sittlichen Zustände nicht ungebundener am Hofe Ludwig's XIV., als in den Kreisen der Genialen am Ende des vorigen Jahrhunderts. Die Lucinde ist wesentlich wie zur Vergötterung des Genie's, so zur Verherrlichung der „freien Liebe“ geschrieben. Zu derselben Zeit führten die Romantiker in dem von den Schlegel herausgegebenen Athenäum, aber auch durch satirische Broschüren, wie A. W. Schlegel's „Ehrenpforte des Theaterpräsidenten“ eine schonungslose Polemik gegen die Philister in der Poesie, vor allem gegen Kotzebue.

Sowohl in dieser Polemik als in jener freien Auffassung der Sittlichkeit fanden sich übrigens die Romantiker noch ganz im Einklang mit den großen Geistern in Weimar. Nicht nur waren der Polemik des Athenäum die Xenien Schiller's und Göthe's vorausgegangen, sondern es dürften auch Göthe's Wilhelm Meister, seine Römischen Elegien und Venetianischen Epigramme, alle aus jener Zeit, kaum in sittlicher Beziehung ein milderes Urtheil als die Lucinde verdienen — und wenn in den spätern „Wahlverwandtschaften“, wie man behauptet und Göthe angedeutet hat, die Unverletzlichkeit der sittlichen Ordnung dargestellt werden soll, so geht ihr zugleich eine Naturnothwendigkeit der Sünde wie ein Fatum zur Seite. An alles dieses erinnern wir, damit man ein mildes Urtheil habe über die literarischen Jugendsünden des zwanzigjährigen Clemens, der in seinen Jenenser Studentenjahren — 1797 bis 1802 — unter dem Pseudonym „Maria“ in den Satiren und poetischen Spielen, insbesondere in „Gustav Wasa“, einer Persiflage auf Kotzebue's gleichnamiges Drama, an dem kritischen Kampfe der Romantiker Theil nahm und den zweibändigen „Godwi oder das steinerne Bild der Mutter, ein verwilderter Roman“, im Geiste der Lucinde dichtete. Es ist das gewiß weniger zu verwundern und leichter zu verzeihen, als daß Schleiermacher, der gefeiertste und einflußreichste Theologe des neuern Protestantismus um dieselbe Zeit, wo er seine berühmten „Reden über die Religion an die Gebildeten unter ihren Verächtern“ hielt und herausgab, in seinen „Vertrauten Briefen über die Lucinde“ deren Ideen verherrlichte. Friedrich Schlegel hat den zweiten Band der Lucinde nicht erscheinen lassen und sie in seine gesammelten Werke nicht aufgenommen. Clemens Brentano hat seinen Godwi, nachdem er kaum erschienen war, verworfen und verspottet, in spätern Jahren reuevoll beklagt und in jeder Weise in Vergessenheit zu bringen gesucht. Daß Schleiermacher seine vertrauten Briefe retractirt habe, oder daß Göthe irgend eine seiner poetischen und nicht poetischen Sünden bereut oder seine Bewunderer sie ihm übel genommen hätten, hat man nie in Erfahrung gebracht. Dagegen mußten Lucinde und Godwi herhalten, um auf Schlegel und Brentano nach ihrer Bekehrung Schmutz zu werfen — es scheint, daß dieser Schmutz nicht jenen Jugendsünden, sondern der Bekehrung gilt. Doch möge über Godwi das in jeder Beziehung competente Urtheil Eichendorff's [21]) hier eine Stelle finden: „Dieser Roman enthielt schon damals ungefähr alle Elemente, womit die jetzige Literatur als mit neuen Erfindungen prahlt: Weltschmerz, Emancipation des Fleisches und des Weibes und revolutionaires Umkehren der Dinge. Und dennoch ist er wieder gänzlich verschieden von jener neuesten Literatur. Denn einmal klingt auch im Godwi in den einzelnen eingestreuten Volksliedern überall schon ein tieferer, ja religiöser Ernst fast sehnsüchtig hindurch; und sodann überkommt den Dichter selbst mitten in dieser Verwirrung die tödtlichste Langeweile, Ekel und Abscheu davor, und er vernichtet sofort, was er im ersten Bande geschaffen, im zweiten Bande schonungslos wieder durch die bitterste Ironie." Was die hier von Eichendorff erwähnten Lieder betrifft, so sind es keine geringern als das Lied „vom Schnitter Tod", von „den lustigen Musikanten", die Ballade von der „Lurlei" und andere Gedichte, die leben werden, so lange die deutsche Sprache lebt, und die schon damals Clemens als wahren Dichter kennzeichneten.

Am Rhein. — Marburg und Heidelberg.

Als Jenaer Student hat Clemens zwei für's Leben dauernde Freundschaften geschlossen, die eine mit Friedrich Carl von Savigny, dem großen Juristen, nachherigen preußischen Justizminister, die andere mit Achim von Arnim. Mit jenem hatte er schon als Frankfurter Landsmann und durch Befreundung der Familien Berührung; diesen, der in Jena Naturwissenschaften studirte und 1799 eine Schrift über Elektricität erscheinen ließ, lernte er durch seinen Freund, den genialen, früh verstorbenen Physiker Ritter kennen. Beide wurden ihm verschwägert; Savigny heirathete seine Schwester Kunigunde, Arnim nahm Bettina zur Frau. Savigny und Arnim waren Protestanten von christlichem Geiste und edelstem Charakter; beide haben in jener Periode stärkend und erhebend auf Clemens gewirkt. Für Arnim, den vielfach geistesverwandten Dichter, war er begeistert, während Savigny ihm Ehrfurcht einflößte, aber auch durch seine ruhige Schweigsamkeit und sein beständiges Studiren ihn oft langweilte und ärgerte.

[21]) Gesch. der poet. Lit. Deutschl. II, S. 132.

Clemens hat in Jena aber auch eine andere, für ihn verhängnißvolle Verbindung angeknüpft — mit Sophie Mereau. Dieselbe war von seltener Schönheit, gehörte zu den genialen Damen der Weimarer und Jenaer Kreise, war Dichterin und Zeichnerin von hervorragendem Talente. Ohne positive Religion, besaß sie schöne natürliche Tugenden. Eine geborene Schubert, hatte sie Professor Mereau in Jena geheirathet; aber bald fühlten sich Beide unglücklich, und auf Göthe's Verwenden wurde die geistreiche Frau aus fürstlicher Machtvollkommenheit durch den Großherzog von Weimar geschieden. Sie war fünf Jahre älter als Clemens. Derselbe begegnete ihr zum ersten Mal 1799 in einer Gesellschaft zu Jena; aber erst bei einem etwas spätern Wiedersehen in der Bildergalerie zu Dresden kam die Leidenschaft zum vollen Ausbruch. Es war nicht eine flüchtige, spielende Neigung, wie sie Clemens früher vorübergehend an Marianne Jung, nachmalige Frau Rath Willemer, dann an die intime Freundin seiner Schwester Bettina, das unglückliche Stiftsfräulein Carolina von Günderode, gefesselt, sondern eine tiefe, bleibende Leidenschaft, die in beiden um so mehr erstarkte, je mehr Hindernisse sich ihr entgegenstellten. Denn sowohl die Familie Brentano's als die Freunde und Gönner der Mereau in Weimar widerstrebten einer ehelichen Verbindung derselben — und die vereinten Bemühungen schienen Erfolg zu haben. Im Jahre 1800 ging Sophie Mereau mit ihrer Freundin, Frau von Ahlefeld, der unter dem Namen Elise Selbig renommirten Romandichterin, zuerst nach Norddeutschland, dann nach Italien. Clemens verließ auf längere Zeit Jena und schien im Genuß der Freundschaft und der schönen Natur, in fröhlichem dichterischem Schaffen, in kunstgeschichtlichen Studien, auch in neuen Abenteuern von seiner Leidenschaft zu gesunden.

Zuerst nahm Clemens seinen Aufenthalt in Marburg bei Savigny, der hier als Lehrer des Rechtes seine akademische Laufbahn begann. Die Herbstferien des Jahres 1800 brachten beide Freunde am Rhein, meist im Rheingau zu. Damals interessirten sich Clemens und Bettina sehr für eine Emigrantin aus der Vendée, Madame de Gachet, welche durch ihren Geist und ihr emancipirtes Wesen großes Aufsehen machte und im Hause der Frau de la Roche in Offenbach viel verkehrte. Dann kehrte Clemens wieder nach Jena zurück und lebte da in innigster Freundschaft mit Arnim. Beide gingen im Sommer 1801 nach Frankfurt und Offenbach und dann wieder an den Rhein. In Coblenz trennte sich Arnim von Clemens und trat seine große Reise durch den größern Theil Europa's an. Clemens blieb aber den ganzen Sommer in Coblenz, von wo aus er viele poetische Fahrten durch die Thäler des Rheines, der Mosel und der Nahe, allein oder in Gesellschaft fröhlicher Genossen und befreundeter Familien unternahm. Von der Poesie und Laune dieses doppelten Aufenthaltes in der rheinischen Heimath geben uns die zwischen ihm und Bettina darüber gewechselten Briefe, die einen beträchtlichen Theil des „Frühlingskranzes“ ausmachen, eine lebendige Anschauung. Offenbar hat diese Zeit die Entwickelung seines dichterischen Genie's wesentlich gefördert. Zwischen den in dieser Zeit geschaffenen oder doch concipirten Dichtungen und den früher erwähnten Jenenser Producten ist ein himmelweiter Unterschied. Ist an letzteren noch die Unnatur eines gekünstelten Geschmacks und der Reflex des vielfach so ungesunden Treibens in Jena und Weimar zu spüren, so athmet in jenen Luft und Duft rheinischer Berge und rheinischen Volkslebens, und bewegt sich Clemens frei in dem Geiste und in den Formen seiner eigensten Natur. Kein Zweifel, daß die Rheinmärchen vorzugsweise dieser Zeit ihre Entstehung verdanken; ja seiner Phantasie ist damals so manches entsprungen, was nachher selbst zur Volkssage wurde, so die viel bearbeitete angebliche Sage von der Lorelei. Kein Dichter hat je in ächteren Tönen den Rhein besungen, als Clemens. In den Liedern des Meisters Radlauf jubelt und klagt seine eigene Liebe zum „treulieben“ Rhein; in dem Gesang der Rhein-Nymphen klingt der ganze Zauber jener poetischen Tage wieder:

Himmel oben, Himmel unten,
Stern und Mond in Wellen lacht,
Und in Traum und Luft gewunden
Spiegelt sich die fromme Nacht.

Welch' entzückend laues Wehen!
Blumenathem! Traubenduft!
Wie die Felsen ernsthaft sehen
In des Widerhalles Kluft!

Rhein, du breites Hochzeitsbette,
Himmelhohes Luftgerüst!
Wo sich spielend um die Wette
Stern und Mond und Welle küßt.

Allein durch alle Wonne jener Tage tönt ein tiefes Leid hindurch. Man weiß nicht, ist es der Schmerz gestörter irdischer Liebe, oder die Sehnsucht nach der ewigen Schönheit und himmlischen Liebe, die ihn singen ließ:

Durch den Wald mit raschen Schritten
Trage ich die Laute hin,
Liebe singt, was Leid gelitten,
Schweres Herz hat leichten Sinn.

Jedenfalls ist der letzte Vers wunderbar bezeichnend für das Dichters Wesen und herrschende Gemüthsstimmung.

In dieser Zeit schrieb er sein fünfactiges Lustspiel Ponce de Leon, dem wohl einige Abenteuer seines rheinischen Lebens zu Grunde liegen. Er wollte in Ponce de Leon sein Ideal eines Lustspieles verwirklichen. In der Vorerinnerung bekennt er, daß er sich umsonst nach seiner Gattung umgesehen habe, und beinahe fürchte, daß er allein stehen werde. „Ich strebte,“ sagt er, „damals das Komische und Edlere hauptsächlich in dem Muthwillen unabhängiger, fröhlicher Menschen zu vereinigen, und um diesen Muthwillen als Element in ihnen vorauszusetzen, habe ich ihre Sprache durchaus frei und mit sich selbst in jeder Hinsicht spielend gehalten!“ [22]) „Ein wundervolles Lustspiel,“ nennt es Eichendorff, „wo ein wahrhaft dämonischer Witz mit der Wirklichkeit, wie eine Fontaine mit goldenen Kugeln spielt; ist doch im Grunde dieser poetisch zerfahrene, träumerische Ponce eigentlich der Dichter selbst, gegen den er alle Ironie gewendet [23]).“ „Eine eigenthümliche Luft weht darin,“ urtheilt Böhmer in einem Briefe an Görres, „leicht und erquickend wie 4000 Fuß über dem Meeresspiegel. Aber nicht alle sind Bergkletterer und empfänglich für so muntere Laune.“ Dem großen blasirten Publicum konnte diese feine Komik nimmer munden.

Im Winter 1802 lebte Clemens wieder in Jena. Er beschäftigte sich viel mit der Hebung des Theaters und gab sich Mühe, Tieck zur künstlerischen Leitung des Theaters nach Frankfurt zu bringen und dadurch eine Musterbühne herzustellen. Gleichzeitig fuhr er aber auch fort, alte Volkslieder zu sammeln und zu erneuern. Hofrath Köhler, mit dem er zu jenem Zweck in Verbindung trat, bringt hierbei eine für Brentano's innerste Sympathien bezeichnende Notiz. „Es war damals,“ schreibt Köhler [24]), „eine sonderbare Zeit. Die Poesie Schlegel's, Novalis', Tieck's u. s. w. brachten hervor, daß man auch in einer nordischen gebildeten Gesellschaft sagen durfte, man sei Katholik. Brentano betrieb seine kleinen Poesien alle auf diesen Standpunkt hin.“ Man sieht, Clemens liebte noch immer katholisches Wesen, wenn nicht mit übernatürlicher, so doch mit natürlicher Liebe. In den Herbstferien ist Clemens wieder in Coblenz; dann siedelt er auf einige Zeit nach Düsseldorf über, wo er, in nahem Verkehre mit dem Galerie-Director Langer und Kupferstecher Karl Heß, mit großer Befriedigung Kunststudien treibt. Davon schreibt er an die Frau seines Bruders Franz am 15. Nov. 1802: „Ach, was habe ich für Dinge gesehen: die herrlichen Alterthümer in Köln, die schlechten Menschen überall, die himmlischen Bilder hier. Ich wohne hier wie ein Engel hoch in Lüften und sehr schön. Die schönsten Bilder der Galerie hängen in Kupfern in meiner Stube [25]). Aber auch mit dem Theater machte er

[22]) Ges. Schr. VII, S. 7.
[23]) Geschichte der poet. Literatur. (2. Aufl.) 2. Thl. S. 133.
[24]) Ges. W. VIII, 39 bei Diel-Kreiten, Cl. Brent. Bd. 1, S. 168.
[25]) Ges. Schr. VIII, S. 115.

sich wieder viel zu schaffen. Es war eine gute Truppe in Düsseldorf, geleitet von dem ihm befreundeten talentvollen Musik-Director Ritter. Für Letztern schrieb er in wenigen Wochen auf Grund seiner im Godwi enthaltenen gleichnamigen Lieder sein Singspiel „Die lustigen Musikanten“ [26]). Wenn im Liede durch das lustige Klingen der Musikanten der scharfe Schmerz des Lebens tönt:

„Sind wir nicht froh, daß Gott erbarm'!“

so löset sich im Singspiel dieser Schmerz durch göttliche Fügung in Versöhnung auf, und empfängt Barmherzigkeit durch Gnade ihren Lohn. So begegnen wir hier bereits einem Grundton, der durch fast alle Dichtungen unseres Clemens durchklingt und in seinem eigenen Leben endlich Bewährung fand, wie er in dem Spiele singt:

In dem Herzen wohn' Vertrauen,
Glauben schaffe inn'res Licht,
O, dann wirst du Freude schauen,
Wenn das Licht zum Lichte spricht!

— — —

Liebe spielt mit bunten Flammen,
Buhlt und sucht ein kaltes Herz,
Lieb' und Leid, des Lebens Ammen,
Wiegen bald dich himmelwärts.

Noch vor Ende des Jahres kehrte Clemens über Münster nach Marburg zurück. „Ich freue mich doch sehr auf den Savigny,“ schreibt er kurz zuvor an Bettina, „da ich nun wieder Proviant auf die langen Winterabende habe, ihm zu erzählen. Wenn er auch wenig oder gar nicht antwortet, so hört er doch mit einem Interesse zu, das entschädigt für die Antwort, die er immer schuldig bleibt. Du glaubst nicht, wie Wenige man findet in der Welt, die ganz frei sind von Schlechtem und Gemeinem, und wie ein Mann gleich Savigny ein wahres Wunderwerk ist.“

So schien in Clemens die Leidenschaft zur Mereau erstorben zu sein; allein sie schlummerte nur, und erwachte in ihrer ganzen Kraft, als die Mereau, aus Italien zurückgekehrt, die Correspondenz mit ihm auf's neue anknüpfte. Clemens, der nach Weimar geeilt, zog sich bald im Ueberdruß von den dortigen literarischen Kreisen gänzlich zurück und ging wieder nach Marburg. Von dort aus beseitigte er endlich die Hindernisse, die seitens seiner Familie seiner Verbindung mit Sophie Mereau entgegenstanden. Im August 1803 wurde er mit ihr von einem lutherischen Geistlichen getraut. Da ihr rechtmäßiger Mann noch lebte, war die Ehe ungültig. Sie wußte, Clemens bedachte es nicht. Sein katholischer Glaube schlief; daß er jedoch nicht ganz erloschen war, er-

[26]) Ges. Schr. VII, S. 217 ff.

gibt sich daraus, daß er, als Professor Mereau im Jahre 1805 gestorben war, alsbald von Heidelberg, wo er jetzt wohnte, in der Stille mit Sophie nach dem abgelegenen Wallfahrtsorte Walldürn ging und dort mit ihr vor dem katholischen Pfarrer eine kirchlich gültige Ehe abschloß. Daß er dieses nicht etwa nur aus Rücksicht auf seine Familie, sondern aus eigenem Gewissensantrieb und mit aufrichtigem Herzen that, geht daraus hervor, daß er bei dieser Gelegenheit die heiligen Sacramente, freilich zum letzten Mal auf lange Zeit, aber mit Ernst und Andacht, empfing und bald nachher die tiefste Entrüstung kundgab, als auf Betreiben des alten Voß unter dem Titel die „Wallfahrt nach Walldürn" in Bertuch's „Journal des Luxus und der Moden" ein Artikel erschien mit einer Anspielung auf das, was dort geschehen war. [27])

Clemens führte nach seiner Verbindung mit Sophie Mereau in Marburg ein zurückgezogenes, aber still zufriedenes, mitunter auch von Trauer und Sorge gedrücktes Leben. Denn seine Verbindung hatte eine Spannung mit der Familie zurückgelassen. Es ist rührend, in welch' zarter Weise er namentlich in seinen Briefen an seine Schwägerin Antonie seinem Weibe die Theilnahme und Neigung seiner Geschwister zuzuwenden sucht; nur zuweilen bricht eine bittere Stimmung über ihre Verlassenheit hervor.

Das sprechendste Zeugniß für die gute Gemüthsverfassung unseres Clemens in jenen Tagen ist ganz gewiß „die Chronika des fahrenden Schülers", die er in den ersten Monaten nach seiner Verheirathung geschaffen hat. Wie Diel näher mittheilt, bildet das zum ersten Mal im Jahre 1818 in Förster's „Sängerfahrt" von Clemens Brentano selbst veröffentlichte und seitdem viele Male wieder gedruckte Bruchstück der Chronika nur die kurze Bearbeitung eines Theiles des im Nachlasse Böhmer's aufgefundenen Urmanuscriptes. Es ist daher wünschenswerth, daß letzteres bald veröffentlicht werde; um so mehr, je bedeutsamer und anziehender die Proben sind, welche Diel daraus mitgetheilt hat. Ob jedoch die ursprüngliche ausführliche Fassung jenes vom Dichter selbst umgearbeitete und mitgetheilte Bruchstück an Schönheit übertreffen wird, wissen wir nicht. Uns wenigstens scheint dieses Fragment keineswegs fragmentarisch, vielmehr das Schönste und Vollendetste, was Clemens gedichtet hat, ja, was überhaupt im Geiste altdeutscher christlicher Poesie jemals in neudeutscher Sprache geschrieben wurde. Alles, was andere Dichter der neuern Zeit in ähnlicher Art gedichtet haben, erscheint uns künstlich gemacht, durch moderne Anschauungen und unechte Gefühle verunreinigt, im Vergleiche zu dem reinen und gediegenen Golde dieser echt deutschen

[27]) Das Nähere bei Diel-Kreiten. Bd. 1. S. 212 ff. u. 225 ff.

und echt christlichen Dichtung. Hätte Clemens auch keine andern Lieder gedichtet, als das Lied: „O Mutter, halte dein Kindlein warm“, als das Lied „Es sang vor langen Jahren wohl auch die Nachtigall“, und die Umdichtung des alten Kirchenliedes: „Hör', liebe Seel', wer rufet dir?“ und hätte er nie etwas anderes in Prosa geschrieben, als die Erzählung des fahrenden Schülers Johannes von seiner Kindheit und dem Leben seiner Mutter — Clemens wäre ein wahrhaft großer christlicher Dichter, er hätte das Tiefste und Innigste, was von kindlicher und mütterlicher Liebe, was von reiner, treuer Gattenliebe und christlichem Frommsinn gesagt werden mag, in der lieblichen Klarheit eines jener wundersamen Bilder von Fiesole oder Meister Wilhelm, mit deren frommer Schönheit nichts verglichen werden kann, uns vor die Seele gestellt. Von Meister Wilhelm sagt der fahrende Schüler: „Die Werke dieses Wilhelm, die ich zu Köln gesehen, sind dermaßen zart, fein, scharf und lebendig, daß man schier glauben sollte, sie seien von Händen der Engel gemacht, und erbebet man bei ihrem Anblick, weil sie zu leben scheinen und doch nicht leben. Man fühlt da wohl, daß der Mensch etwas sein und schaffen kann, was viel herrlicher ist, als sein gewöhnliches Sein und Schaffen, und man erschrickt darüber, daß diese Herrlichkeit so fremd und selten ist; daher wohl eine Menge Sprossen auf der Leiter zu dieser Vollkommenheit, wo nicht fehlen, doch unsichtbar sein müssen, und wir alle wohl tief heruntergeworfen sind.“

Auch was Clemens in dem Manuscript der Chronika über die Bedeutung der Kunst und ihr Verhältniß zur Religion sagt, ist von tiefster Wahrheit. „Oft habe ich,“ läßt er den fahrenden Schüler sagen, „über Gebet und Gesang nachgedacht und habe gefunden, daß sie wohl Schwestern sein mögen, die sich herzlich lieben und nie von einander ganz sich trennen können. Nichts aber ist mir herrlicher und entzückender vorgekommen, als wenn diese zwei Schwestern sich liebend umarmten .... Wer aber diese zwei Töchter des Himmels recht begreifen und anschauen will, der muß sie selbst im Herzen tragen und muß selbst beten und singen können; dann erblickt er sie überall wieder und sieht, wie sie im Innersten alles Lebens wohnen, und fühlt dann erst recht, wie die ganze Erde und alle Geschöpfe Gott loben ... [38])

Wie schön ist auch, was er von dem göttlichen Berufe des Künstlers und von dem Wesen und Endziele aller Kunst sagt: „Du meinst also, Johannes,“ spricht der Ritter Veltlin zum fahrenden Schüler, „es gebe dreierlei Arten von gottgefälligen Menschen: die geistlichen, welche ihr ganzes Leben schon vor dem Tode dem Herrn aufopfern, und die weltlichen, welche in häuslicher Zucht und Treue ihre Kinder zur Gottesfurcht und

---

[38]) Diel-Kreiten, Bd. 1, S. 188.

Arbeit erziehen; dann aber noch welche, in denen sich beides verbindet. Ich muß dir wohl gestehen, daß ich früher solcher Menschen nicht gedacht habe und nun gar wohl begreife, daß sie auf gefährlicher Bahn zwischen Himmel und Erde wandeln, denn sie können leicht straucheln, und sollten sie wohl sich mit ihren Künsten und tiefen Gedanken zu Gott halten, damit sie nicht mächtige Diener der Welt werden." Der fahrende Schüler erwidert: „Ich kann besser noch sagen, daß es gebe betende, arbeitende und lehrende Menschen, denn lehrend soll sein und ist alle wahre Kunst. Wenn sie gleich oft eine bloße Ergötzung der Sinne scheint, so führt sie doch die geheimern, wunderbarlichern Eigenschaften Gottes, der Seele und der Welt vor unser Gemüth, das sie mit manchfacher Rührung bewegt, von dem alltäglichen befangenden Leben die Augen zu erheben und sich nicht verloren zu geben an die kurze Zeit und ihren Dienst; auch leiht sie der betenden, beschauenden Einfalt, welche sich selbst dem Herrn aufopfert, manchfache Sprache und Gestalt, ihr frommes Wollen in vielgestaltigen Bildern zu offenbaren und zu verherrlichen." — Und weiter: „Die Kunst macht das Heilige und Theuere des Lebens uns ewig, gibt den verborgenen tiefen Geistern einen scheinbaren Leib, fördert alle Geheimnisse in Wort und Gestalt zu Tage; sie übersetzt den geistlichen Reichthum aller Völker in die allgemeine Sprache der Sinne und gibt dem unaussprechlichen Gefühle Ausdruck in den herrlichsten Tönen; sie ist Gottes ewiges unaufhörliches »Werde«, in so weit es dem Menschen, Seinem Ebenbilde, verliehen ist. Ach, wie herrlich ist sie schon, wenn sie auch nur ein mildes Mondlicht dem ist, der den Anblick der Sonne nicht ertragen mag mit schwachen Augen." [29]) Wer hat über Kunst tiefer, wahrer, verständiger und christlicher geredet, als Clemens Brentano hier thut, und schon in so früher Zeit? Was andern Romantikern von dem göttlichen und religiösen Berufe der Kunst in gefährlicher Ueberschwänglichkeit vorschwebte, ist hier in lichter Klarheit und sicherer Bestimmtheit ausgesprochen — Dank seinem gesunden Sinn und seinem von Natur katholischen Herzen, Dank auch seinem gründlichen Studium vergessener Denker und Dichter aus alten katholischen Zeiten.

Im Herbste 1804 siedelte Brentano wieder nach Jena über; als bleibenden Wohnort aber hatte er Dresden in Aussicht genommen, weil es seinem und seiner Frau künstlerischem Schaffen am förderlichsten schien. Aber die Vorsehung führte ihn einen bessern Weg. Arnim und Görres ließen sich in Heidelberg nieder; Letzterer als Docent der philosophischen Facultät. Es war die Zeit der tiefsten Erniedrigung Deutschlands. Nicht wenige Größen der Literatur und Wissenschaft hatten sich mit der napo-

---

[29]) Diel-Kreiten, Bd. I, S. 195 ff.

leonischen Aera befreundet und wirkten im Geiste der Zeit. Nur einzelne unabhängigere Naturen hegten das Feuer echter Vaterlandsliebe in der Verborgenheit des Herzens. An unmittelbar politische Thätigkeit war jedoch nicht zu denken. Ihr Wirken ging zunächst nur dahin, Geist und Herz an der Betrachtung alter deutscher Geschichte und Poesie zu wecken und zu erfrischen. In diesem Sinne wollten Arnim und Görres in Heidelberg wirken, wo sie in Männern wie Thibaut (der nicht nur neben Savigny der bedeutendste Jurist, sondern auch der früheste und begeistertste Kenner und Förderer der alten Kirchenmusik war), Kreuzer, Bähr, Heise, die mehr oder weniger der romantischen Richtung angehörten, verwandte und befreundete Geister, in andern Professoren, vor Allem in dem alten Voß, aber auch gehässige und intolerante Gegner fanden. Nun kam auch Clemens Brentano nach Heidelberg, um mit Arnim ein Werk auszuführen, für das er seit Jahren mit so viel Fleiß und Liebe gesammelt und gearbeitet hatte: die Herausgabe alter deutscher Volkslieder. Man gab der Sammlung, die zu drei starken Bänden gedieh, den Titel: „Des Knaben Wunderhorn". Den Herausgebern Arnim und Brentano, wie Görres, schwebte hierbei ein höherer, als ein nur poetischer und historischer Zweck vor. Sie meinten dadurch „mächtig in das Herz der Welt rufen und ihr zerstreutes Volk singend unter die Fahne einer neuen Zeit führen zu können". „Denn," schreibt Arnim in der dem ersten Bande angehängten Abhandlung „Von Volksliedern", „wir suchen Alle etwas Höheres, das goldene Vließ, das Allen gehört, was der Reichthum unseres ganzen Volkes, was seine eigene innere lebende Kunst gebildet, das Gewebe langer Zeit und mächtiger Kräfte, den Glauben und das Wissen des Volkes, das sie begleitet in Lust und Tod, Lieder, Sagen, Kunden, Sprüche, Geschichten, Prophezeiungen und Melodieen, wir wollen Allen Alles wiedergeben, was in vieljährigem Fortrollen seine Demantfestigkeit bewährt, nicht abgestumpft, nur farbespiegelnd geglättet, alle Fugen und Ausschnitte hat zu dem allgemeinen Denkmal des größten neueren Volkes, der Deutschen, das Grabmal der Vorzeit, das frohe Mahl der Gegenwart, der Zukunft ein Merkmal in der Rennbahn des Lebens." [30])

Wenn des Knaben Wunderhorn, wie die etwas später von Arnim und Brentano gegründete Einsiedler-Zeitung, zur Weckung des deutschen und christlichen Geistes, welcher nicht viele Jahre später in den Befreiungskriegen seine Kraft erwies, wesentlich beigetragen, so gebührt an diesem Werke unserm Clemens ein großer Theil des Verdienstes, da man seinem Fleiße die Sammlung und seinem Genie die den Erfolg bedingende poetische neudeutsche Umarbeitung sehr vieler der schönsten Lieder im Wunder-

---

[30]) „Des Knaben Wunderhorn." Heidelberg bei Mohr und Zimmer, 1806, 1. Bd., S. 463.

horn verdankt. Allerdings hätte Clemens in einer spätern Zeit, in welcher er, bezüglich einer beabsichtigten Herausgabe seiner Märchen durch Freunde, an Böhmer schrieb: „Besonders flehe ich dringend, Alles, was im mindesten ein reines Herz verletzen könnte, doch ja zu vernichten, damit nicht mehr Schuld auf mich komme," gar manche Lieder nicht in's Wunderhorn aufgenommen, die wohl dem Volksgeiste, aber einem bereits theilweise verderbten Volksgeiste entstammen.

Die erste Zeit seines Lebens in Heidelberg war für Brentano im Umgang mit so lieben Freunden, in fröhlichem, jugendlichem Schaffen, in schönster Natur, eine überaus beglückte. Aber bald traf ihn Schlag auf Schlag. Sein erstes Kind war schon bald nach der Geburt gestorben; ein zweites starb kaum zwei Jahre alt; nun starb das dritte in der Geburt zugleich mit der Mutter am 31. October 1806.

Clemens läßt die Laurenburger Els zu ihrem Sohne Johannes, dem fahrenden Schüler, sprechen: „Ich glaube, es wird dir gut sein, wenn du weißt, wie auf Erden viel Traurigkeit ist und im Himmel allein Freude. Du wirst alsdann deinen Sinn immer mehr zu Gott wenden und zu seinen Abgesandten auf Erden: der treuen Liebe, der Unschuld und Weisheit. Auch sollst du nicht traurig werden um der Traurigkeit willen, die auf Erden ist; sie soll dich stärken, daß dein Muth wachse und dein Fleiß; mit denen sollst du die Traurigkeit bestreiten und dir ein frohes Herz erkämpfen, das sich allezeit Gott zuwendet."

Jetzt war Clemens noch nicht stark genug, diese Frucht des Leidens zu ernten; aber später hat er sie geerntet. Sein Schmerz war so furchtbar, daß seine Freunde Angst überkam. Clemens redete nicht, weinte nicht, aß und trank nicht, schlief nicht. Görres schickte einen Eilboten nach Frankfurt, der Bruder Franz möge in höchster Eile kommen. Er kam, und mit ihm der gerade auf Besuch anwesende Professor Sailer. Als dieser liebevolle priesterliche Freund vor der verschlossenen Thüre Clemens mit Namen rief, brach derselbe in Thränen aus und ließ sich von ihm und dem Bruder wie ein Kind zum Wagen führen.

In Frankfurt gewann er, schneller als zu hoffen gewesen, die Fassung wieder. Er kehrte nach Heidelberg zurück, arbeitete mit doppeltem Eifer. Görres erwies sich an ihm als wahrer Freund, war sein Trost und seine Stütze. Der Humor stellte sich wieder ein, wie „die wunderbare Geschichte von BOGS dem Uhrmacher" zeigt, welche Brentano (B—O) und Görres (G—S) zusammen fabricirten und welche neben einer Travestirung der Dichtungsweise des Jean Paul, über den damals Görres und Brentano vielfach mit einander stritten und der Brentano — recht charakteristisch — weniger zusagte, viele andere jetzt nicht mehr verständliche Heidelberger Beziehungen enthält, aber trotzdem noch ergötzlich zu lesen ist. Merkwürdig ist uns eine Stelle über die alte Musik im Gegensatz zur modernen, die wir, zur Ergänzung der oben aus der Chronika angeführten Kunstanschauungen und der darin liegenden Charakterisirung unseres Clemens, der Vergessenheit entziehen möchten. „Am schwersten," läßt er den phantastischen Uhrmacher in seinen Selbstbekenntnissen sagen, „ist mir dennoch die Bändigung meiner Neigung zur Musik geworden. Denn nachdem die alte Kirchenmusik, dieser Abgrund und Gipfel aller Töne, in und auf welcher der Mensch vor seinem Gott sich demüthigen, zu seinem Gott sich erheben mag, gänzlich in Vergessenheit gekommen ist, kann ich doch nie einstimmen, daß wir sie abgeschafft, weil sie nichts taugte; sondern ich glaube, sie hat uns verlassen, weil wir nichts taugten, . . . weil wir nicht mehr aus Andacht, Liebe und Begeisterung beten, weil uns das Wort hinreicht, und wir der reinen, ewigen, allsagenden Musik nicht mehr bedürfen, die Seele auszuprägen, die nicht mehr unaussprechlich das Unaussprechliche liebt. Jener Abgrund und Gipfel der Töne sind nun, damit kein Mensch oder Vieh hineinstürze, und um das Geländer zu sparen, durch einander ausgefüllt worden. [31]) Der Boden ist geebnet — und bei dir läßt sich nun gut tanzen, rupfende, zupfende, coquettirende Tanzmusik, die ihren Compositeur und Tanzmeister auf den Blocks- und Venusberg in die Schule schickt, — bei dir läßt sich gut lieben, weichliche musikalische Unzucht, süße buhlerische Arie, die in tausend lüsternen Manieren gaukelnd die verführerischen Aepfel des Paradieses wirft und fängt, nackt um den Apfel des Paris buhlt und die goldene Atalante der Tugend in die Rennbahn wirft. — Und bei dir läßt sich ein leerer Tag am Abend gut vollsaufen, oder ein dürrer, trockener Arbeitstag kraus und bunt zu Bette legen, du ewig contrastirende, hin- und herzausende Oper, welche läuft, um einzuwurzeln, einwurzelt, um aufzuschweben, aufschwebt, um zu versinken, versinkt, um zu rühren, und rührt, um zu lachen; — und alle ihr andern weltlichen Truggebilde, Sonaten, Symphonien, oder wie ihr sonst heißt, Würzconfecte von Tugend und Teufel, habt leider großen Raum gewonnen vor den Engeln Gottes, die sonst auf der Tonleiter Gottes Schöpfeimer auf- und niederreichten und sie in der Brust des schlummernden Jakob füllten und leerten. Jetzt liegt die Tonleiter am Gerüste eines Feuerwerkes oder einer

---

[31]) Dieses Bild scheint uns auch recht adäquat, um den wesentlichen Unterschied zwischen der alten diatonischen, mit ihren ganzen, und der modernen chromatischen Musik, mit ihren halben Tönen, zu bezeichnen. Es ist derselbe Unterschied, wie zwischen den bestimmten klaren Formen der alten und den unbestimmten unreinen Formen, der s. g. Schönheitslinie, der Renaissance-Architektur, und wiederum zwischen den hellen Farben und scharfen Schatten der alten und den gemischten Farben und unbestimmten und gefärbten Schatten der modernen Malerei.

Illumination, welche auf des Teufels Namens- und Geburtstag, und auf seiner Großmutter silberner, goldener und papierener Hochzeit angesteckt worden. Auf solche verzweifelte Gedanken muß man kommen, wenn man etwas bei euch zu denken nothgedrungen wird; denn die Töne sind so göttlicher, reiner Natur, daß sie noch so sehr cujonirt, noch so sehr zu bloß weltlicher Lust und sündlichen Träumen zusammen gecomponirt, so nenne ich's, uns schrecklich gespenstisch anlächeln, wie Engelsköpfe und Heilige, lebendig in irdische Lustwände eingemauert." [32])

Voß soll sich durch den Uhrmacher Bogs persönlich verletzt gefühlt haben. Jedenfalls stieg seine Abneigung gegen die Romantiker in Heidelberg von Tag zu Tag mehr, weil er in ihnen Katholicismus witterte. Als Görres einen immer größern Kreis von Zuhörern und Verehrern, unter denen wir nur die Brüder Eichendorff nennen, um sich sammelte, und als Arnim und Brentano, von Grimm in Kassel dazu angeregt, im Jahre 1807 die Einsiedlerzeitung zur wirksamern Durchführung des dem Wunderhorn zu Grunde liegenden Gedankens gründeten, der sich bald junge Kräfte, wie Uhland und Kerner, sympathisch zuwandten, da kam der längst verhaltene Zorn des alten Voß und seiner Gesinnungsgenossen zunächst in der Cotta'schen Morgenzeitung zum Ausbruch. Die Romantiker sollten moralisch todtgeschlagen werden. Man verschrie sie als Feinde der klassischen Dichter Deutschlands, was nur durch Mißdeutungen und Verdächtigungen zu begründen war; man suchte selbst Göthe, dem das Wunderhorn dedicirt war und der dasselbe in der Jenaischen allgemeinen Literatur-Zeitung (1806 Nr. 18 u. 19) auf's wärmste begrüßt hatte, gegen die Romantiker einzunehmen, und nicht ohne Erfolg. Auch Schelling, der Romantik zur Zeit der Lucinde so nahestehend, zog nun gegen die mehr und mehr christlich gewordene zu Felde. Obwohl Arnim protestantisch war und blieb, Görres und Brentano aber damals der katholischen Kirche noch fern standen und eher ungläubig als gläubig waren, so erblickten doch Voß und Geistesgenossen in ihnen alles Ernstes eine katholische, eine jesuitische Verschwörung, um die Menschheit in's finstere Mittelalter zurückzuführen. Dieser Ton findet bei einem gewissen Publicum immer Anklang. Arnim und Görres antworteten dem fanatischen Polterer mit scharfem Witz und überlegenem Geiste. Brentano, seiner ganzen Natur entsprechend, betheiligte sich kaum an der Polemik; allein der Haß [33]) des alten Voß traf ihn am bittersten, und schon in

[32]) Ges. Schr. V, S. 335 ff.

[33]) Mit diesem Wort bezeichnet Fr. Ch. Perthes, ein gewiß competenter und unparteiischer Beurtheiler und Zeuge, in einem vertraulichen Bericht aus dem Jahre 1816 den Geist, der in Voß die Herrschaft führte: „Der Alte", schreibt Perthes an seine Frau, „führte mich in den Garten und war bei den Blumen höchst liebenswürdig. Ich

diese Zeit fällt der Ursprung jenes abgeschmackten Zerrbildes von Clemens, welches bei den meisten protestantischen Literatur-Historikern traditionell geworden und selbst wohlwollende Schriftsteller beeinflußt hat.

Voß erreichte zunächst sein Ziel. Er hatte die Mehrzahl der Professoren der Hochschule, die „gebildete" Welt und die maßgebenden Kreise in Karlsruhe für sich; war er ja Geist von ihrem Geist. Daß Görres, ungeachtet seiner akademischen Erfolge, keine Aussicht auf Beförderung in Heidelberg hatte, war klar geworden. Er zog sich daher in seine offen gehaltene Stelle am Gymnasium zu Coblenz zurück; Arnim ging auf seine Güter; selbst Kreuzer, obwohl fest angestellt, gedachte Heidelberg zu verlassen; so widerlich war die Atmosphäre. Nun war selbstverständlich auch für Brentano kein Bleiben mehr. Allein nicht fruchtlos war die Zeit des jugendfrischen Schaffens und Kämpfens in Heidelberg gewesen, weder für die Freunde selbst, noch für das deutsche Volk. Letzteres wurde offenbar, als nach nicht langen Jahren Görres im „Rheinischen Merkur" für die alte Freiheit und das alte Recht unseres Vaterlandes seine gewaltige Stimme erhob.

Kassel und Landshut. Erster Berliner Aufenthalt.

In das letzte Jahr des Heidelberger Aufenthaltes, das Jahr 1808, fällt das unglücklichste Ereigniß im Leben unseres Clemens, seine zweite, unbedachtsame und unaussprechlich unglückliche Verheirathung. Sie hat ihm die Wege irdischen Lebensglückes für immer verschüttet, für die nächsten Jahre aber ihn tief in Irrsal und Nacht geführt, um so mehr, als er gleichzeitig, mehr als in irgend einer früheren Periode und im Wi-

---

mußte zu Mittag bleiben. Anfangs sprach er mit patriarchalischer Luisenhaftigkeit von Gottes schöner Natur, von Blumen und Gewächsen, von alten Zeiten und einfachen Menschen; plötzlich aber fuhr, als Fouqué's Namen genannt ward, ein Geist des Hasses, der mich erschreckte, in den alten Mann: auch diesen Fouqué, rief er aus, hat die Bubenrotte von Pfaffen und Adelsknechten verführt, wie sie Stolberg katholisch gemacht hat. Dann . . . sprang er über auf Claudius und sagte, daß er vorhabe, vom Wandsbecker Boten eine Ausgabe zu veranstalten, in welcher er alle Pfaffenmärchen tilgen wolle, die der finstere Geist des Aberglaubens dem Wandsbecker eingeraunt habe. Ich schwieg lange . . . . Nach Tisch ging Voß mit mir allein in den Garten; schnell nach einander besprach er eine Reihe von Männern und nannte sie, einen nach dem andern, Schleicher, heimtückische Betrüger, Schurken. Ich stand auf und floh. Dem verdienten und alten Manne wollte ich nicht nach Gebühr antworten, und schweigen durfte ich nicht. Glaube mir, in diesem Hause waltet, trotz aller Familienhaftigkeit und Blumenfreude, ein Haß, der mich tief ergriffen und erschüttert hat." Cl. Th. Perthes, Leben des F. Ch. Perthes. Gotha 1861; bei Diel-Kreiten, S. 238, N. 1.

derspruch mit seinem innersten Wesen, in das Leben der großen Welt und einer bösen, frivolen Zeit hineingerissen wurde. Denn bös und frivol war die Zeit Napoleon's I. und des Rheinbundes im höchsten Grade, und zwar in allen Ländern, schlimmer als selbst die letzte Hälfte des achtzehnten Jahrhunderts. Die falsche Bildung der vereinigten französisch-voltairianischen und deutsch-rationalistischen Aufklärung hatte in allen Gesellschaftsklassen die mächtigsten Fortschritte gemacht; was dagegen die unmittelbar vorhergegangene Zeit an gesunden und kräftigen Elementen alter Religiosität und Sitte noch besessen hatte, war jetzt bis in die Wurzel zerstört oder doch unter den Trümmern der allgemeinen Umwälzung wie verschwunden. Die neue blendende Herrlichkeit des revolutionären Weltkaisers und seiner, aus der Säcularisation und der Auflösung des Reiches als Souveraine hervorgegangenen, deutschen Vasallen hatte die Masse der Menschen, zumal in den höheren gesellschaftlichen Kreisen, fast alles sittlichen und religiösen Haltes beraubt, sie leichtlebig und schwindelhaft gemacht.

Nachdem Clemens Wittwer geworden, kam er wieder öfters von Heidelberg nach Frankfurt. In Frankfurt mußte er sich in den Kreisen der dortigen vornehmen Welt bewegen, und seine interessante Persönlichkeit und geistvolle Unterhaltung machten ihn zum Gegenstand ganz besonderer Aufmerksamkeit. Auguste Busmann, eine junge, reiche, literarisch gebildete oder vielmehr verbildete, bis zur Narrheit excentrische Dame, Nichte des Banquier Bethmann, in dessen Haus Clemens verkehrte, verliebte sich in ihn, und Clemens war gutmüthig und phantastisch genug, ohne wahre innere Zuneigung ihrer Leidenschaft entgegenzukommen. Da die Partie nach der Meinung der Welt als eine vernünftige und glänzende erschien, wirkten beiderseitige Verwandte fördernd mit. Je mehr Clemens, innerlich widerstrebend, zögerte, um so mehr drängte die leidenschaftliche, zu jeder Abenteuerlichkeit aufgelegte Braut voran. So kam durch eine Ueberrumpelung des armen Clemens, der noch auf dem Wege zur Trauung zu fliehen versucht war, die Ehe in Hessen-Cassel zum Abschluß. Dort wohnte Clemens mit seiner jungen Frau eine Zeit lang bei Banquier Jordis, seinem Schwager. Schon in den ersten Tagen erkannte er die ganze Größe seines Unglücks, schrieb verzweifelte Briefe an Görres, beschwor die Mutter seiner Frau, dieselbe wieder zu sich zu nehmen, dachte selbst bereits an Scheidung. Nicht nur das äußere Auftreten Augustens, die sich in den Straßen der Hauptstadt Jerome's, des neuen Königs von Westfalen, hoch zu Roß und in phantastischem Anzuge als kühne Reiterin zeigte, war ihm in der Seele zuwider, sondern es stand auch ihr ganzes innerlich wildes, launenhaftes, eigensinniges und leidenschaftliches Wesen mit seiner sinnigen, tief empfindenden Natur in schneidendem Widerspruche. Durch eine aufregende Scene nach der andern, bis zu fingirten Selbstmordversuchen, setzte sie ihn in fortwährende peinliche Aufregung. Das Zusammenleben mit ihr war fast unmöglich. Man ist versucht, Geisteskrankheit anzunehmen. Alle Verwandten stimmten überein, daß eine Cur nothwendig sei. Auguste willigte eine, bei einem alten Freunde von Clemens und Christian Brentano, dem braven und gläubigen lutherischen Pfarrer Bang in Allendorf, der in den Briefen der beiden Brüder stets mit Achtung und Liebe erwähnt wird, zu ihrer Beruhigung einen Landaufenthalt zu nehmen.

Clemens ging nach Heidelberg. Als aber seine Freunde, wie bereits bemerkt, sich anschickten, diese Stadt zu verlassen, holte er im August 1808 seine Frau bei seinem Freunde Bang ab und zog mit ihr nach Landshut, wohin Savigny als Professor berufen worden war und bei dem sich damals auch seine bereits völlig ungläubige Schwester Bettina aufhielt.

Wenn richtig ist, was von einer Aeußerung des Clemens gemeldet wird, daß er nämlich 1835 dem Bibliothekar Harter in München, der ihn an die schönen Tage in Landshut erinnerte, geantwortet habe: „Gehen Sie mir mit Ihrem Landshut, da bin ich zum Ungläubigen geworden! Jetzt kann ich mich eher freuen, da ich wieder glaube; die Kleinen haben mich's gelehrt und nicht die hochgelehrten," so hätte Clemens während seines Landshuter Aufenthaltes völlig den Glauben verloren, worin zugleich liegt, daß er sich vorher noch für gläubig hielt. Auch Ringseis hielt Clemens damals für ganz ungläubig.[34]) Uns will scheinen, daß sein Glaube auch vorher schon schweren Schaden genommen, aber auch in Landshut nicht völlig erloschen, wenigstens niemals in jenen kalten, antipathischen Rationalismus übergegangen war, der gewöhnlich unheilbar sich erweist. Gewiß bleibt, daß seine Seele in Landshut weder Licht noch Frieden fand, daß im Gegentheil die Nacht des Zweifels und der Unfriede des Herzens mächtig zunahmen. Sicherlich haben dazu seine traurigen ehelichen Verhältnisse, aber auch die Zustände in Landshut mitgewirkt. Denn obwohl Landshut eine katholische Stadt war und Clemens nicht in religionsfeindlichen, sondern in religionsfreundlichen Kreisen verkehrte, so begreift man doch vollkommen, weshalb sein Kopf und Herz nicht hier für den vollen lebendigen katholischen Glauben gewonnen wurden.

Wie uns der ehrwürdige Ringseis in den Erinnerungen aus seinem Leben erzählt,[35]) bestanden die Professoren der Universität zu einem

[34]) Näheres bei Diel-Kreiten. Bd. I, S. 271.
[35]) Hist. pol. Bl. Bd. 75.

großen Theil aus baierischen Illuminaten, zu denen auch ein Theil der Mitglieder der Theologischen Facultät gehörte, in der Philosophie waren diese meist Kantianer; sodann in einer Anzahl ungläubiger Protestanten, Neuberufene aus Norddeutschland; endlich aus einem nicht zahlreichen Kreise gläubiger und die Kirche liebender Männer, deren Herz Sailer und deren Kopf Zimmer war. Savigny, vermittelnd, versöhnend, weckend, neigte zu ihnen, war und blieb Freund Sailer's, besuchte den Kreis, der sich in Sailer's Haus versammelte, wie auch dieser und seine Freunde im gastlichen Hause Savigny's verkehrten. In dieser Gesellschaft lebte auch Clemens. Auch an dem jungen Ringseis und seinen für Vaterland und Christenthum begeisterten Freunden hatte er seine Freude und schloß mit Ersterem innigste Freundschaft. In gemischter Gesellschaft mied Sailer grundsätzlich religiöse und politische Gespräche. Doch hat Clemens wohl an nicht wenigen, die höchsten Fragen der Religion und Philosophie behandelnden Discussionen Theil genommen. Allein die „Hochgelehrten" konnten ihm den Glauben nicht andemonstriren; um so weniger, da in jener Zeit auch bei den aufrichtigen Freunden der Kirche viel verschwommen und verworren war. War ja der Dogmatiker Zimmer, ein durch und durch braver und begeisteter Priester, von der Schelling'schen Philosophie eingenommen und wähnte in ihr, die nie etwas anderes als pantheistischer Gnosticismus war, gegenüber dem Kantianismus das Heil für Wissenschaft und Theologie zu finden.

Sailer war von solchen speculativen Verirrungen wenig berührt; sein Feld war Moral, Pastoral, geistliche Beredtsamkeit, Katechese und praktisches Wirken. Als ehemaliger Jesuiten-Novize schon früh in ein gesundes innerlich frommes Leben eingeführt, von vollkommener sittlicher Reinheit, voll lebendiger Liebe zum Heiland und zu den Seelen, von einer kindlichen Fröhlichkeit und Wärme des Gemüthes, ist er in seiner Zeit ein Schutzengel für viele studirende Jünglinge gewesen; er hat weithin und in allen Ständen viele Seelen im Glauben bewahrt oder für ihn wiedergewonnen und sie zu lebendigem Christenthum angeregt. Dabei hat es ihm allerdings an theologischer Tiefe und Schärfe, in mancher Beziehung auch an positivem Wissen gemangelt, so daß seine wissenschaftlichen Leistungen kaum mehr ein Interesse haben; auch ist er dem Geiste seiner Zeit gegenüber oft bis zur äußersten Grenze versöhnender Milde gegangen. Allein seine Liebe und sein eifriges Wirken wird stets ein Vorbild und eine trostreiche Erscheinung in der katholischen Kirche Deutschlands zur Zeit ihrer tiefsten Erniedrigung bleiben.

Sailer liebte Clemens mit einer wahrhaft väterlichen Liebe, und Clemens hing mit kindlicher Liebe an ihm. In viel späterer Zeit schrieb

-Clemens, als er nach einer längern Reise durch Deutschland und die Schweiz den achtundsiebenzigjährigen Sailer, nun Bischof von Regensburg, auf seinem Landsitze besuchte: „Ich reiste nun mit Widmer zu Bischof Sailer nach Barbing bei Regensburg, was unser Ziel war. Hier blieben wir drei Wochen wie im Vorhimmel, bei dem frömmsten, friede- und liebevollsten kindlichen Priestergreise; Freude nehmend und gebend, waren wir fröhlich und beschämt über eigene Ohnmacht. Ach, der wunderbare Mann, in seinem hohen Alter, mit beiden Füßen im Grabe stehend, ist so freudig und fröhlich mit seinem Heiland, wie ein Kind, das schlafen gehend sich immer wieder im Bette aufrichtet und mit der Mutter scherzt. Die beseligende Seite des reinen Gewissens, der innigsten Liebe, der heitersten Hoffnung und des stärksten Glaubens ist mir nie auf Erden so erschienen. Er lebt in stetem Gebet, sieht viel Betrübtes in der Zeit, hilft und trägt, und murret nie; er liebt wirklich selbst die Feinde, und bleibt immer in gleicher Seligkeit, weil er weiß, wie ihn sein Heiland liebt.“ [36]) In Landshut aber führte Sailer Clemens nicht zum Glauben und religiösen Leben zurück, und er glaubte darauf auch nicht einmal direct einwirken zu sollen. Als Franz Brentano ihn bat, doch seinen Bruder Clemens zu religiöser Uebung zurückzuführen, antwortete Sailer: „Laßt ihn und drängt ihn nicht, er kommt doch zurück.“

Clemens war übrigens in Landshut keineswegs müßig, er arbeitete viel auf der Bibliothek und beschäftigte sich wieder mit alten Chroniken. Zu Hause wurde er in unsäglicher Weise von seinem Weibe gequält, die auch wieder Selbstmordsscenen aufführte. Endlich kehrte sie zu ihrer Mutter nach Frankfurt zurück. Was das fernere Leben dieser unglücklichen Person betrifft, so ließ sie sich von Clemens scheiden und heirathete 1816 — sie war protestantisch — einen Frankfurter Kaufmann. Wie sie Clemens gequält, quälte sie auch ihren zweiten Mann, der es sich aber weniger zu Herzen nahm. Sie lebte äußerlich in glücklichen Verhältnissen. Eines Tages aber, nach einer Scene mit ihrem Manne, fährt sie in ihrem Cabriolet Abends allein aus und endet ihr Leben durch einen Sprung in den Main (1832).

Clemens blieb noch einige Zeit in Landshut, sah mit Schmerz die Oesterreicher von den Franzosen bei Landshut geschlagen, war dann in München unter tiefster Indignation Zeuge, als gefangene Tyroler vom Stadtpöbel mißhandelt wurden. In einem Briefe an Görres [37]) spricht er auch seinen Unmuth über die damaligen Zustände in Baiern, über „Intrigue, Aufklärerei, Teufelei, Lügenhaftigkeit, Illuminatismus u. s. w.“

---

[36]) Ges. Schr. IX, S. 219. Brief v. 9. Jan. 1829.

[37]) Görres' Freundesbr. II, S. 72 ff.

aus. Dann ging er in langsamer Reise, auf der er in Nürnberg Hegel, damals Rector des Gymnasiums, Schubert und Kanne, in Würzburg Wagner, in Jena den gerade dort anwesenden Göthe, so wie Oken besuchte und einige Zeit in Halle bei Grimm und Steffens, mit welch' Letzterm er Freundschaft schloß, verweilte, nach Berlin zu Arnim, um hier bleibenden Aufenthalt zu nehmen.

Auch Savigny siedelte nach Berlin über. Denn im Jahre 1810 wurde hier die neue Universität gestiftet und, gleich andern wissenschaftlichen Celebritäten, auch Savigny an dieselbe berufen. Der Glanz Jena's ging auf Berlin über und nicht wenige der dortigen Größen, namentlich Fichte und Schleiermacher, wendeten sich dem neuen Musensitze zu. Der philosophische und religiöse Geist der neuen Universität Berlin wird am besten durch Fichte, dem nach nicht vielen Jahren Hegel succedirte, und durch Schleiermacher charakterisirt. Wohl weckten die Noth und die allgemeine Stimmung der Zeit auch in Berlin ein gewisses religiöses Bedürfniß, aber positiver christlicher Glaube und religiöses Leben fehlten fast gänzlich. Da verkündete Schleiermacher das übrigens schon von Spinoza erfundene ingeniöse Mittel, Glauben und ungläubige Wissenschaft, Frömmigkeit und Pantheismus zu versöhnen, indem er der Philosophie die objective, der Theologie die subjective Wahrheit, worunter er das Gefühl verstand, zuschied. Dadurch wurde es ihm möglich, gleichzeitig spinozistischer Philosoph und christlich frommer Theologe zu sein, in den vertrauten Briefen über Lucinde die Moral der Genialität und freien Liebe, und in den Reden über die Religion die Moral des Evangeliums in gleich begeisterter und ästhetischer Weise zu verherrlichen; so konnte er auch in die Betrachtung des idealen und innerlichen Christus sich versenken und zugleich in seiner jüdischen Freundin, Frau Henriette Herz, wie er sagte, „das Universum schauen". Schleiermacher war der Spiegel der Zeit und der Sphäre, in der er lebte, daher auch kein neuerer protestantischer Theologe eine weitere und dauerhaftere Wirksamkeit geübt hat, als er. Was die gesellschaftlichen Verhältnisse in Berlin betrifft, so boten sie, zumal in den dominirenden politischen und militairischen Kreisen, den schönen Geistern keineswegs einen so angenehmen Boden, als der kleine Fürstenhof und die Residenz Weimar. Schleiermacher selbst berichtet uns, daß vorzugsweise die Salons reicher Juden Sammelorte der großen und schönen Geister in Berlin waren. „Daß junge Gelehrte und Elegants," schreibt er in einem Briefe an seine, wegen des Verkehrs mit der Herz besorgte, herrnhutische Schwester, „die hiesigen großen jüdischen Häuser fleißig besuchen, ist sehr natürlich; denn es sind bei weitem die reichsten bürgerlichen Familien hier, fast die einzigen, die ein offenes Haus halten, und bei denen man wegen ihrer ausgebreiteten Verbindungen in allen Ländern

Fremde aus allen Ständen antrifft. Was also auf recht ungenirte Art gute Gesellschaft sehen will, läßt sich in solche Häuser einführen, wo jeder Mensch von Talenten, wenn es auch nur gesellige Talente sind, gern gesehen wird und sich auch gewiß amüsirt, weil die jüdischen Frauen — die Männer werden zu früh in den Handel gestürzt — sehr gebildet sind, von Allem zu sprechen wissen und gewöhnlich eine oder die andere schöne Kunst in hohem Grade besitzen.“ [38])

Daß Clemens, der übrigens bei Savigny und Arnim ein besseres Heim besaß, auch in diesen Kreisen verkehrte, war natürlich. Namentlich die glänzendste dieser jüdischen Damen, die gefeierte Rahel Levin, nachmals getauft, die Frau Varnhagen von Ense's [39]), wußte Clemens an ihren Salon zu fesseln. Ueberhaupt war Brentano damals in den literarischen und künstlerischen Kreisen Berlin's eine der bedeutendsten Persönlichkeiten; aber auch in den einflußreichsten Kreisen schätzte man ihn. Das ergibt sich schon genügend daraus, daß er ausersehen wurde, zur Eröffnung der neuen Universität die Festcantate zu verfassen, die von seinem Freunde, dem Kapellmeister Reichardt componirt wurde. So hatte er auch bei dem kurz zuvor erfolgten Tode der edeln und geliebten Königin Louise eine gleichfalls von Reichardt componirte Trauercantate gedichtet.

Was uns an diesen, in hohem und elegantem Stile gehaltenen Gelegenheitsgedichten [40]), die in einer Fülle tiefer Gedanken und herrlicher Bilder Alles, was nur bei jenen beiden Anlässen begeistern, beziehungsweise rühren konnte, taktvoll und wirksam an's Licht stellen, am meisten interessirt, ist die Kraft und Wärme, womit in beiden Christus als Gott und Welterlöser bekannt wird.

Auch ein kräftiger deutsch-patriotischer Ton durchklingt beide Dichtungen. Freilich sieht man auch aus beiden, daß ihm die volle Klarheit christlicher und katholischer Erkenntniß noch fehlte, und daß er namentlich bezüglich der Wissenschaft, insbesondere der philosophischen und theologischen, die er in der Universitäts-Cantate besingt und die damals in Fichte und Schleiermacher gipfelte, bald aber im Hegelianismus ihre Triumphe feierte, in einer, freilich seiner Cantate vortheilhaften, poetischen Täuschung befangen war. Uebrigens begreifen wir vollkommen, daß die Cantate den allgemeinsten Beifall fand, da sie wirklich alle Wahrheit und alle Täuschung, welche damals die Geister bewegte, in brillanter Beleuchtung wiederspiegelt.

---

[38]) Näheres findet man in Janssen's Zeit- und Lebensbildern.

[39]) Derselbe verherrlichte seine 1833 verstorbene Frau in dem dreibändigen Buche „Rahel, ein Buch des Andenkens für ihre Freunde“.

[40]) Sie sind zum ersten Mal vollständig abgedruckt bei Diel-Kreiten, Bd. I, Anhang, S. 415—441.

Im Allgemeinen führte Clemens während dieses seines ersten Berliner Aufenthaltes ein eingezogenes und fleißiges Leben. Am 10. Januar 1811 schreibt er an seine Schwägerin Antonia: „Ich arbeite noch immer ruhig an einem großen Gedichte, die Erfindung des Rosenkranzes in Romanzen wie der Cid. Die Einleitung ist mein Leben in Terzinen.[41]) Sonst lebe ich ruhig, und verzehre täglich dreißig Kreuzer, und besser, wäre Ueberfluß." Weit mehr gab Clemens aus für Bücher und Kunstwerke, aber auch für Almosen und Werke der Wohlthätigkeit. Auch die damalige Umarbeitung einer Jenenser Satire „Die Philister vor, in und nach der Geschichte" ließ er als Manuscript drucken, um dadurch einen armen Schreiber zu unterstützen.

Die erwähnten „Romanzen vom Rosenkranz" sollten seine große Dichtung, sein Faust, seine Divina commedia werden. Die Idee davon hatte er schon in Marburg gefaßt, in Landshut und München hatte er sie weiter ausgebildet; jetzt in Berlin skizzirte er den Plan des Ganzen und arbeitete mit Hingebung an der Ausführung desselben. Fast Alles, was wir davon besitzen,[42]) stammt aus dieser Zeit. Schon dachte er an die Herausgabe und schrieb im Januar 1810 an den, von ihm wegen seiner Sinnigkeit und Tiefe geliebten, wenngleich persönlich ihm unbekannten Maler Runge in Hamburg und überschickte ihm sein Manuscript mit der Bitte, dazu Illustrationen in Vignettenform zu componiren. Runge ging auf den Vorschlag ein, aber schon im Juni lag er an einer Brustkrankheit hoffnungslos darnieder, im December starb der tiefsinnige und fromm gestimmte Mann.

Aus den Briefen an Runge und aus einem spätern Briefe an Fouqué können wir am besten sehen, was Clemens bei dieser Dichtung vorschwebte. „Ich habe sowohl innerlich als äußerlich," schreibt er in seinem ersten Briefe an Runge vom 21. Januar 1810,[43]) „ein an bittern, schmerzlichen, wohlthätigen und süßen Erfahrungen reiches Leben gelebt. Große Freuden und Leiden sind, mit einer dunkeln, grausamen Phantasie sich in mir wiederspiegelnd, über mich ergangen. Es ist vorüber . . ., das Talent, Dichterwerke zu lieben und zu verstehen, und, was ich selbst liebe und verstehe, zu dichten, würde ich gewiß lauter vor der Welt ausgesprochen haben, wenn nicht Alles, was ich dichten mochte, zu sehr die heiligere Geschichte meines Innern gewesen wäre, als daß ich es ohne Frechheit in das laute untheilnehmende Tagewerk der Welt hätte fügen

[41]) Daraus kann man schließen, daß die Terzinen aus der Kindheit — weitere haben wir nicht — in jener Zeit entstanden sind.

[42]) Nämlich achtzehn Romanzen, welche aus ungefähr 2700 vierzeiligen Strophen bestehen und in den Gesammelten Schriften 454 Seiten füllen.

[43]) Ges. Schr. VIII, S. 135 ff.

dürfen. Bei dieser Art von Zurückhaltung verlangte ich bald nach dem, was ich doch selbst besaß, und da es mir von Außen nicht gegeben wurde, so verzehrte ich redlich meinen eigenen Ueberfluß, so daß ich bald meine zurückgehaltene Freigebigkeit in Durst verwandelt sah. Mein Paradies war untergegangen, nur sein Firmament stand noch über mir; meine Berge waren nicht mehr, aber der Schimmer ihrer Abendsonne schwamm noch in der Luft. . . . Nach dieser Zeit empfand ich stets in mir eine bestimmte Neigung zu gewissen Bildern und Zusammenstellungen, zu einer gewissen Färbung, und ich sehnte mich, ein Gedicht zu lesen, ein Gemälde zu sehen, eine Blume zu riechen, einen Geschmack zu empfinden, deren Eindruck mir die Wunden hätte schließen, den Schmerz der Narben hätte stillen können.... Während ich solches erlebte, entstand in mir unbewußt die Begierde, ein Gedicht zu erfinden, wie ich gern eines lesen möchte, und was mir nie begegnet war, gewisse Bilder und Zusammenstellungen begegneten mir immer wieder. Ich schaute sie mit gleichem Genusse an, ihre Farbe wurde mir bestimmt und ich entschloß mich, sie in einem historischen Verhältniß zu einer ganzen Begebenheit auszubilden, die bald auch ein Schicksal, eine Nothwendigkeit, ihren Himmel, ihre Erde, Leben und Tod empfing. Ich bildete sie in einzelnen Romanzen aus, die alle klar und bestimmt, ohne vielen lyrischen Erguß, meist handelnd sind, und empfand bald, daß sie mein gehörten, daß sie von mir waren und mich erfreuten." [44]) „Das Ganze," heißt es in einem spätern Brief an Runge vom 26. März 1810, „ist ein apokryphisch religiöses Gedicht, in welchem sich eine unendliche Erbschuld, die durch mehrere Geschlechter geht und noch bei Jesu Leben entspringt, durch die Erfindung des katholischen Rosenkranzes löst." [45])

An Fouqué aber schreibt Clemens in Beziehung auf die Romanzen vom Rosenkranz: „Nun aber habe ich mir alles ausgedacht, was ich noch nirgends gelesen und gesehen, und wonach ich dürste: Farben, die mir vorschweben und zu denen ich die Bilder in allen Galerien umsonst gesucht; einen Hintergrund unergründlich, und doch nah und wehend, wie der Himmel und die Hölle, und einen Vordergrund, wie Wiesengrün, Lämmer und Rosen, und eine Linde, ein Altar und ein stiller Brunnen, dabei schlummert ein Kind in heißem Mittag, und einen Mittelgrund wie wandelnde Jungfrauen und Jünglinge, liebend und betend, links Bürgerkampf auf offenem Markte, rechts Tempelbau, über das Ganze ragend ein Thurm von falscher Philosophie und den Teufel als Wetterableiter; am Himmel aber niedersinkend ein Gewitter und darüber

---

[44]) Ges. Sch. VIII, S. 135.
[45]) Ges. Sch. VIII, S. 157.

ein Regenbogen, durch den Aurora tritt. Und daran arbeite ich, mir zur Quassia, die mir allen Schmerz überbittere, zum Honig, der mir alle Süßigkeit übersüße; aber so wohl wird mir nicht, daß es mir gefalle und den Andern mißfalle, nein es mißfällt mir allein.“ [46])

In diesem Briefe an Fouqué, wohl aus dem Jahre 1812, begegnen wir der letzten Spur, daß sich Clemens mit den Romanzen beschäftigte. Später, als er zum vollen Glauben und zum Leben der Kirche zurückgekehrt war, sah er sie nicht mehr an. Ja, im Jahre 1825, wo er in Coblenz war, wollte er sie vernichten; doch reute es ihn wieder und er schickte das Manuscript an Böhmer, dem wir die Aufbewahrung so vieler Dichtungen Brentano's verdanken. Als dieser nun im nächsten Jahre eine zierliche, von ihm selbst gefertigte, schön in rothen Saffian gebundene Abschrift davon an Clemens schickte, schrieb ihm dieser zurück: „Wo soll ich damit hin? Ich habe kein Haus, keinen Hof, keine Welt, kein Futteral, welche Noth! Da geb' ich dem guten Manne den halb zwischen Pomeranzen, Apfelsinen und dergleichen in Thränen gepöckelten, verschimmelten Wechselbalg der melancholisch funkelnden Phantasie und des Herzens hin, daß er das Ding, als Präparat in Spiritus gesetzt, in sein Museum stelle, und der gute Mann schickt mir das mühselige Potpourri aller meiner Zustände, schön zusammencurirt, in einem Cardinalsrock wieder in's Haus. Was soll ich um's Himmelswillen mit diesen geschminkten, duftenden Toilettensünden unchristlicher Jugend unter der Autorität der Dankbarkeit anfangen? Das ist eine wahrhaft liebliche und darum um so ängstlichere Todtenerscheinung! Ich habe keinen Zusammenhang mehr mit diesen Dingen, als das tragische Gefühl aller Vergeblichkeit und eine leise Beschämung, daß ich hineinblickend so vieles Seichte und Ungründliche darin finde, welches das Colorit, die interessante Stimme und überhaupt der ganze Syrenosyropismus des Dichters nicht für ihn selbst verbergen kann.“ [47]) Und als später Frau Willemer um die Romanzen bat, schickte er ihr zwar dieselben, aber schrieb ihr dabei: „Ich habe sie seit fünfzehn Jahren nie gelesen, und mir blieb nur eine allgemeine Empfindung davon, daß ich etwas Unaussprechliches, was mich quälte, gern darin ausgesprochen hätte; aber es ist unmöglich geblieben, und ich ließ die Arbeit fallen. Das Wesentliche ist in Gott, in Jesus, in Seiner Kirche, heilig, würdig und zu ergreifen erlaubt, in dem gefallenen Menschen sind nur die Nebendinge noch so so, die Hauptsache aber ist abscheulich.“ [48])

Nie gestattete Clemens, daß irgend etwas aus den Romanzen gedruckt wurde. Nach seinem Tode erst hat sein Bruder Christian sie

[46]) Ges. Schr. VIII, S. 168.
[47]) Ges. Schr. IX, S. 141.
[48]) Janssen, Böhmer's Leben I, S. 144. Diel-Kreiten, S. 316—333.

herausgegeben, und mit Recht: denn auch als Fragment in ihrer theilweise unfertigen Form und in ihrem ungleichen Werthe, gehören die Romanzen vom Rosenkranz zu den seltensten Blüthen wahrer Poesie.

Wenn auch die geläutertere und tiefere christliche Erkenntniß und die zarte Gewissenhaftigkeit, die Clemens in den spätern Jahren seines Lebens auszeichnete, manchen schiefen und mißverständlichen Gedanken und manche Schilderungen verwerflich fand,[49]) so ist doch die Idee des Ganzen tief christlich, und der Geist, der es durchweht, ein sittlicher und religiöser. Sünde erzeugt Schuld und Unheil. Der Sünde Wurzel ist aber einestheils die, die heiligsten Gesetze durchbrechende Leidenschaft irdischer Liebe, anderntheils der Geistesstolz, der durch falsche Wissenschaft zu frevelhaftem Unglauben und endlich zu dämonischer Bosheit und Fleischlichkeit führt. Aber das Gute ist stärker, als das Böse. Mit Gottes Gnade und durch Mariä Fürbitte triumphirt die Unschuld und der Seelenadel über die Versuchung, und erwirbt das Opfer des Unschuldigen den Schuldigen Versöhnung und Heil, nicht aber ohne ihre Mitwirkung. Denn so wie Sünde und Schuld nicht fatalistisch, sondern durch freie Hingabe an das Böse sich fortpflanzen, so wird auch die Gnade nur durch freie That in Kampf und Tugendübung gewonnen, und ist die Versöhnung und Begnadigung durch Buße bedingt. Worauf wir aber den höchsten Werth legen, ist, daß in der ganzen Dichtung Gutes und Böses nirgends mit einem falschen Maße gemessen und die christliche Moral gefälscht wird. Nirgends ist die Sünde beschönigt. In Moles erscheint der Teufel nicht, wie theilweise in Mephistopheles, als gutmüthiger Humorist, sondern ganz als Teufel, in seiner ganzen Bosheit und Lügenhaftigkeit; der Unglaube und die Sünde stellen sich in dem, dem Teufel verfallenen Apo nicht, wie im Faust, in tragischem Glanze, sondern in verabscheuungswürdiger Verwerflichkeit dar. Die jungfräuliche Reinheit und unschuldige Frömmigkeit fällt nicht, wie in Gretchen, als Opfer der Verführung, sondern triumphirt in Biondetta und Rosablanca über menschliche Versuchung und dämonische Nachstellung. Nicht der Sieg irdischer Liebe, sondern ihre Ueberwindung durch die himmlische Liebe bildet den Culminationspunkt des poetischen Interesses. Nicht wird, wie im Faust, das titanische Streben falscher Wissenschaft mit einem Glorienschein umgeben [50]), sondern die innere

---

[49]) Ges. Schr. Bd. III. In Brentano's ausgewählten Poesien gibt Diel einen sicherlich im Sinne des gewissenhaften Dichters gereinigten Auszug.

[50]) Noch mehr: Wenn Göthe seinen Faust „das heilige Original in sein geliebtes Deutsch übertragen“ und das Wort der Schrift: „Im Anfang war das Wort“ übersetzen läßt:

„Nur von dem Herzen nehm' ich Rath
Und schreib' getrost: Im Anfang war die That“,

so ist diese Identificirung des ewigen Logos mit der That der Weltschöpfung nicht nur

Nichtigkeit und Verderblichkeit pantheistischer Philosophie und magischer Gnosis in schärffter Weise gegeißelt, dagegen Glaube und Liebe verherrlicht und die Geheimnisse, Gnaden und heiligen Uebungen des Christenthums in schönstem und reinstem Lichte dargestellt. So hat allerdings Clemens in den Romanzen vom Rosenkranze die Sünden und Versuchungen seines Lebens, die bittern Kämpfe und Schmerzen seines eigenen Herzens, aber auch die Versöhnung und den Frieden, den er später gefunden hat, in ahnungsvoller Dichtung geschildert. Um eine Probe von der Tiefe und Reinheit religiöser Empfindung zu geben, welche in so vielen herrlichen Stellen der Romanzen licht zu Tage tritt, mögen hier die Strophen stehen, worin er die Seligkeit Rosablanca's und Meliores nach ihrer Beichte schildert:

Selig, wer solch' Heil gefühlet,
Wer die sündenvolle Brust
In der Beichte hat erkühlet,
In der Reue frommer Lust!

O unendliches Erbarmen,
Ja, ich fühle dich mir nah,
Auch mich trugst du in den Armen,
Daß ich Gottes Antlitz sah!

Zu der Beichte geh'n die Sünder,
Schleppend eine todte Welt,
Aus der Buße wie die Kinder
Tummeln sie durch's Blumenfeld.[51])

Ist es die Erinnerung an die erste Kinderbeichte, „da er rein und voll Friede und Freude und heiliger Trunkenheit durch den Kreuzgang des Klosters heimging und in dem Garten, den der Gang umschloß, ein Springbrünnchen zwischen Rosen und Lilien tanzen sah," [52]) — oder ist es eine Prophezeiung dessen, was er sieben Jahre, nachdem er diese Strophen gedichtet, in sich auf's neue erleben sollte?

---

eine Leugnung der christlichen Grundwahrheit von der Trinität, sondern auch ein durchaus pantheistischer Gedanke. Wie scharf hat dagegen Clemens in der Lehre des Apo:

Daß die Welt aus Gott entsprungen,
Und doch nicht von ihm erschaffen,
Daß Gott sei im Mittelpunkte,
Wo noch Nichts sei und doch Alles,

das innerste Wesen des pantheistischen Wahnes charakterisirt!

[51]) Siebenzehnte Romanze. Ges. Schr. III, S. 375.

[52]) Diel-Kreiten I, S. 23.

Böhmen und Wien.

Die Familie Brentano hatte die Herrschaft Bukowan in dem Prachiner Kreise in Böhmen erworben. Schon im Sommer 1810 war Clemens mit Arnim und Savigny dort auf Besuch gewesen. Im Jahre 1811 nahm er daselbst seinen Aufenthalt, um seinem Bruder Christian in der Gutsverwaltung beizustehen, wozu er freilich nicht mehr Beruf hatte, als dereinst zur Kaufmannschaft. Auch andere Geschwister waren öfters in Bukowan und so war Clemens wieder mehr mit seinen Angehörigen zusammen. Sein Aufenthalt in Böhmen dauerte bis in's Jahr 1813. Er lebte in ländlicher Abgeschiedenheit zu Bukowan, oft aber auch im buntesten Treiben der großen Welt, in Teplitz und Prag. An beiden Orten strömten in jenen bewegten Zeiten viele hervorragende Persönlichkeiten aus aller Welt zusammen, namentlich aus Nord- und Mitteldeutschland.

Schon 1811, auf seiner Heimreise nach Bukowan hatte Clemens in Teplitz die persönliche Bekanntschaft Varnhagen's von Ense gemacht, den er in Berlin in den Kreisen der Rahel viel hatte nennen und rühmen hören. Allein schon bei diesem ersten Zusammensein kamen sie mit einander in Streit. Später, im Jahre 1812, war Brentano mit Varnhagen in Prag zusammen und wurde von demselben in die Gesellschaft seiner Freunde und Freundinnen eingeführt. Aber die Zerwürfnisse erneuerten sich. Zwischen Beiden bestand eben ein tief innerlicher Gegensatz.

Den Brentanos sagte Böhmen nicht zu; sie verkauften daher Anfangs 1813 die Herrschaft Bukowan wieder.[53]) Clemens hatte längst sich nach Deutschland zurückgesehnt; aber der Krieg hinderte die Heimreise. Er wohnte in Prag. Hier war damals auch die Rahel, und er stand mit ihr und ihrem Kreise wieder in lebhaftem Verkehr, der sich auch brieflich noch einige Zeit fortsetzte, nachdem Clemens im Juli 1813 nach Wien übergesiedelt war.

Nach vielen Jahren hat Varnhagen von Ense, dem die Chronique scandaleuse unseres Jahrhunderts an Wahrheit und Dichtung so viel verdankt, in seinen „biographischen Portraits"[54]) seinen und der Rahel damaligen Verkehr mit Clemens Brentano geschildert und dabei von dem Charakter des Letztern ein sehr ungünstiges Bild entworfen. Hierbei war er sicherlich weit mehr noch, als von seiner persönlichen Mißstimmung gegen Clemens, von seiner tiefen Antipathie gegen dessen religiöse Richtung

[53]) An den Grafen Rey, von dem sie an Fürst Schwarzenberg überging.

[54]) Herausgegeben von Ludmilla Assing. Leipzig bei Brockhaus, 1871.

beeinflußt: denn, obwohl Katholik von Geburt, gehörte Varnhagen zu jenen specifisch antichristlichen Geistern, denen alles Uebernatürliche und positiv Christliche in tiefster Seele zuwider ist und welche diese bittere Abneigung gegen die Sache auf alle Personen, die dieser Sache ergeben sind, Katholiken wie Protestanten, [55]) übertragen. Zu seinem Zwecke theilt Varnhagen auch eine Anzahl von Briefen des Clemens an ihn und an Rahel mit. Allein, so wenig als die Seele, konnte er die Briefe des Clemens verstehen. Wohl offenbaren diese Briefe den zerrissenen und wirren Zustand, in dem sich derselbe in jener böhmischen Zeit befand; allein sie geben auch Kunde von seinem innersten Wesen, das aus den Stürmen und Wolken der Leidenschaft immer wieder wie ein wohlthuender Strahl hervorbricht. Aber gerade dieses Tiefste und Wahrste im Wesen des Clemens erschien Varnhagen als Falschheit, Heuchelei, Unnatur. So erschien es ihm z. B. als Heuchelei, wenn ihm Clemens alsbald nach dem ersten Zerwürfniß schrieb: „daß er, da er nie die Absicht habe, Jemanden zu kränken, gern Jedermann um Verzeihung bitte, den er gekränkt;“ [56]) und es war doch lautere, in seinem ganzen Leben sich bewährende Wahrheit. Es offenbart seine innerste Seele, wenn er an Rahel schreibt: „Ich war den ganzen Tag sehr traurig und habe, Gott weiß warum? — ganz lustig drein gesehen, und habe gedacht: Selig, wer ein Herz hat, das ihn versteht, und wäre es auch nur sein eigenes. . . . Ich habe nun seit drei Wochen durch die Emigration mehr Menschen als gewöhnlich gesehen; ich habe in dieser Zeit nichts gelernt, nichts gearbeitet, nichts genossen, als meine alte, bittere Jugendempfindung wiederholt, daß ich ein Wesen bin, welches ganz allein, oder mit Wasser und Brod einiger Guten leben muß.“ [57])

Er suchte Menschen, die ihn verständen und liebten, und im Scheinwesen der Welt, in dem Schimmer und Flimmer der Schöngeisterei fühlte er sich unglücklich und traurig — und gerade dieses Gefühl weckte in ihm bald bittern Sarkasmus, bald tolle ironische Lustigkeit. Allein, auch das wurde ihm immer klarer, daß Menschen, wie gut sie seien, nimmer sein Herz vollkommen befriedigen könnten, sondern nur der lebendige Gott; und daß nichts ihn lebendig mit dem lebendigen Gott zu vereinigen vermöge, als das Band, das Gott selbst in Christus und der Kirche geknüpft hat. So schreibt er von Wien an die Rahel: [58]) „Ich bin versichert, daß es jedem Menschen rathsam sei, sich zu Gott zu wenden; aber Ihnen ist nicht zu helfen und mir auch nicht, als durch

[55]) Man vergleiche z. B. in Janssen's Culturbildern die Mittheilungen Varnhagen's über A. v. Humboldt und König Friedrich Wilhelm IV.

[56]) Den ganzen interessanten Brief findet man bei Diel-Kreiten I, S. 348—351.

[57]) Vgl. Diel-Kreiten I, S. 384 ff.

[58]) Diel-Kreiten I, S. 393.

Gott und Seine geoffenbarte Religion." In gleichem Maße nahm in ihm der Schmerz über den Zustand seiner Seele und die Unordnungen seines Lebens zu: „Warum," ruft er in demselben Briefe aus, „bin ich nicht untadelhaft, ruhig, bescheiden, mild, rein, edel, klar und besonnen? Habe ich nicht alle Mittel dazu in Händen?" Es kann keinem Zweifel unterliegen, daß der Aufenthalt in Böhmen, insbesondere in Prag, in der Seele und dem Gewissen des armen Clemens Wunden und Schulden mehrte.

Dieser sein Zustand spiegelt sich auch in den Dichtungen aus dieser Zeit, und seine Muse war in diesen Jahren ungewöhnlich fruchtbar.

Er schrieb ein ungedruckt und in größern Kreisen unbekannt gebliebenes Drama „Aloys und Imelde", das er, nachdem Varnhagen ihm das Manuscript behalten, unter dem neuen Namen „Camingo" umarbeitete; allein sein Bruder Christian und seine Freunde glaubten es, weil „seiner spätern Richtung wenig entsprechend", nicht unter seine gesammelten Schriften aufnehmen zu dürfen. Auch die zum ersten Mal 1817 im Gesellschafter gedruckte „Geschichte mehrerer Wehmüller" — dieses Muster romantischer Komik, diese unvergleichliche Schilderung des ihn umgebenden Volkslebens — ist nicht frei von Stellen und Scenen, die der Muse eines Boccacio, nicht aber dem spätern und dem herrschenden Geiste unseres Clemens entsprechen. Daß aber auch in dieser Lebensperiode jener reine und hohe Geist, der zwar noch nicht der wahre und volle christliche Geist selbst, aber dessen natürliche Grundlage und Vorbereitung war, in der Seele unseres Dichters wie ein Firmament über den wogenden Wolken der Leidenschaften und Täuschungen feststand, beweist seine große dramatische Dichtung: die Gründung Prags.[59])

Unter dem Eindrucke der eigenartigen Natur Böhmens und seiner hundertthürmigen poetischen Hauptstadt, sowie der ihm fremdartigen, zum Theil abstoßenden, zum Theil anziehenden Art seines Volkes, seiner Sitten, Gebräuche und Sagen entstand in ihm eine poetische Idee, die sich den großartigsten Conceptionen Calderon's, auf den Clemens selbst als Vorbild hinweist, an die Seite stellt.

In lebendiger Handlung will der Dichter schildern, wie in der slavischen Urzeit das czechische Volk aus der, in brutaler Gewalt der Männer, in sittenwidriger Emancipation der Weiber und in dämonischem Zauberwesen sich offenbarenden, heidnischen Verwilderung durch die drei Töchter des mythischen Königs Krokus, insbesondere durch Libussa und deren Vermählung mit dem, in höchster Noth zum Könige begehrten, erlauchten Ackersmanne Primislaus zu einem friedlichen Zustande empor-

[59]) Ges. Schr. VI.

gehoben und wie, durch Verkündigung der obersten Gesetze des natürlichen Rechtes und Gründung der ersten Stadt, der Königsburg Praga, was Schwelle bedeutet, die Fundamente jener Gesittung und gesellschaftlichen Ordnung gelegt wurden, die nachher durch das Christenthum befestigt, gereinigt und verklärt werden sollten, was von Libussa und ihren Schwestern, welche von ihrer Mutter, der Lichtelfe Niva, die Sehergabe ererbt, als slavischen Sibyllen in ahnungsvollen Gesichten geschaut und vorher verkündet wird. Diesem Ahnen und Sehnen kommt aber auch bereits, obgleich unerkannt, die Wirklichkeit entgegen. Pachta, ein nach Byzanz verschlagener Slave, hatte dort von einem Christen die Bildnerei erlernt und das Christenthum angenommen. Als nun sein Meister als Opfer einer Christenverfolgung gefallen, flüchtet Pachta mit dem Töchterlein des Martyrers, welcher Clemens den Namen Trinitas gibt, in sein Vaterland Böhmen. Die zarte christliche Jungfrau zieht durch ihre fromme Würde und Lieblichkeit die Herzen der heidnischen Königstöchter an und bereitet sie in sinnvollen Reden und plastischen Symbolen zu christlicher Erkenntniß vor; aber der vergiftete Pfeil der gegen das Reich des Guten instinctiv rasenden Zauberin Zwratka rafft sie hinweg. Es war eben erst die Zeit entfernter Vorbereitung, aber noch nicht die Zeit der wirklichen Einführung des Christenthums für das böhmische Volk gekommen; aber schon wurde in einer heiligen Martyrin das Samenkorn desselben in die böhmische Erde eingesenkt.

Das ist offenbar eine hohe, wahre, tief christliche Idee in einer großartigen und einfachen Handlung! Auf die Ausführung derselben hat Clemens in zweimaliger Umarbeitung mit unsäglichem Fleiß die ganze Kraft seiner Phantasie und Kunst und ein umfassendes Studium slavischer Sagen und Gebräuche verwendet. So trägt das Drama eine Fülle dichterischer Schönheiten und großer Gedanken in sich. Eine theatralische Darstellung macht schon der Umfang unmöglich; aber selbst die Lectüre wird durch die Fremdartigkeit des Gegenstandes, ja schon der Namen, durch die Menge uns fernliegender mythologischer Beziehungen und allzu große Detail-Ausführungen immerhin Schwierigkeiten bieten.

Anfangs Juli verließ Clemens Prag, zunächst um die Frau seines Bruders Franz, eine geborene von Birkenstock, die damals in ihrer Vaterstadt Wien weilte, zu besuchen. Kurz vor seinem Weggange hatte er einer durch Verarmung in sittlicher Gefahr schwebenden adeligen Familie in zarter Weise ein Geschenk von mehr als tausend Thalern zugewendet.[60]) Immer war er mitleidig und freigebig; die Barmherzigen aber werden Barmherzigkeit finden.

---

[60]) Diel-Kreiten I, S. 386.

In Wien sah sich Clemens in einen größern Kreis katholischer Männer versetzt. Es waren namentlich der Berliner Convertit Adam Müller, einer der feinsten und tiefsten christlichen Publicisten unseres Jahrhunderts, der damals damit umging, im Karoly'schen Schlosse, dem Theresianum gegenüber, mit Unterstützung des Erzherzogs Maximilian eine höhere Erziehungs-Anstalt zu gründen; ferner ein schwedischer Convertit, der Maler Friedrich August von Klinkowström, ein Freund und Geistesgenosse Runge's, der später den Plan Müller's zur Ausführung brachte; sodann die Clemens bereits befreundeten Joseph von Eichendorff und Ringseis; ferner der junge, nachher so berühmt gewordene Maler Philipp Veit, der mit seiner Mutter und seinem Stiefvater Friedrich Schlegel in Wien wohnte und mit ihnen in die katholische Kirche eingetreten war, und noch manche Andere, wie die Brüder Passy, deren Namen in der katholischen Welt einen guten Klang haben. Es waren lauter Männer, welche hohen Geist und feinste Bildung mit tiefem Glauben und inniger Religiosität verbanden. Sie alle verehrten als Vater ihrer Seele einen heiligen [61]) Priester, Clemens Maria Hoffbauer, den man als den Apostel Wien's im Anfange unseres Jahrhunderts bezeichnen kann. In diesem Kreise empfing Clemens einen so wohlthuenden Eindruck, wie er ihm anderswo nie zu Theil geworden war. „Es herrscht hier," schreibt er an Rahel, „eine Ruhe, eine Milde, ein so reines und klares Bestreben, daß ich ewig da zu sein wünschte." [62]) Und an einer andern Stelle: „Ich fühle durch meine Umgebung seltsame Wellen in meiner Seele sich bewegen; mögen sie mich nach irgend einer heiligen Insel hinführen!" [63])

Allein die Fesseln, die Clemens banden, waren noch nicht zerrissen. Gleichzeitig verkehrte er in dem Salon der Caroline Pichler und in den Kreisen der freigeisterischen und leichtlebigen Wiener Literaten und Künstler, beschäftigte sich mit der Hebung des Wiener Theaters, redigirte sogar kurze Zeit zu diesem Zwecke eine Theaterzeitung, versuchte selbst in das populäre Puppenspiel Geist zu bringen.

Mächtiger aber nahmen die Befreiungskriege sein Herz und sein Dichtergenie in Anspruch. Zwischen dem Kulmer und Leipziger Siege dichtete Clemens innerhalb vier Wochen „Victoria und ihre Geschwister, ein klingendes Spiel," worin in eigenthümlicher Weise die hohe Begeisterung jener Siegestage mit der derben und naiven Komik des

---

[61]) Man darf ihn so nennen, nachdem die Kirche bereits seine heroische Tugend anerkannt hat und es unzweifelhaft ist, daß er in nicht ferner Zukunft mit den Heiligen der Kirche öffentliche Verehrung genießen wird.

[62]) Diel-Kreiten I, S. 393.

[63]) A. a. O. S. 389.

Volks- und Soldatenlebens zu einem bunten Bilde verbunden ist. Als dann die Kunde von der Befreiung des Rheines in Wien ankam, schrieb er in wenigen Stunden das kurze Festspiel „Am Rhein, am Rhein“, wo unter dem Bilde der Begrüßung des befreiten Rheines durch die deutschen Flüsse und die europäischen Ströme die Freude und die Hoffnung der befreiten Völker in prächtigen Versen gefeiert werden. Clemens Brentano, der einst in Heidelberg gesungen:

Und wie an's Vaterland ich dacht',
Das Herz mir weint', das Herz mir lacht',

und mit Arnim und Görres die Poesie der deutschen Vorzeit wiedererwecken half, stimmte jetzt auch aus voller Brust jubilirenden Siegesgesang an.

Das Gefühl, das in jenen Tagen, wo die eiserne Gewalt des Revolutionskaisers gebrochen wurde, die Herzen der Menschen erfüllte, hatte etwas unvergleichlich Höheres und Heiligeres in sich, als bloße patriotische Sieges- und Ruhmesfreude; es war ein Gefühl der Erlösung durch ein sichtbares Eingreifen der göttlichen Macht, einer Erlösung nicht nur der Völker von fremder Tyrannei, sondern auch der Christenheit aus antichristlicher Knechtschaft. So empfanden nicht nur die Katholiken, als sie nach langen trostlosen Jahren Pius VII. nach Rom zurückkehren sahen, sondern auch die von der Kirche Getrennten vergaßen in jener großen Erlösungsfreude einigermaßen die Trennung; man fühlte sich als Eine Christenheit und hoffte nicht nur auf eine politische, sondern auch auf eine religiöse Auferstehung.

Der zweite Berliner Aufenthalt.

Den Herbst 1814 brachte Clemens bei Arnim und Bettina auf ihrem Gute Wiepersdorf zu, und ging dann mit ihnen nach Berlin, wo er bei Savigny seine Wohnung nahm. Nach den Befreiungskriegen war unter den Protestanten, namentlich in höhern Kreisen, ein wärmeres religiöses Leben erwacht, und nicht nur orthodoxe Prediger, wie der in den frommen Kreisen Berlin's hochverehrte Pfarrer Hermes, sondern auch Schleiermacher predigten in diesem Sinne. Clemens verkehrte vorzugsweise in gläubigen protestantischen Kreisen. Namentlich waren die drei, nachher als Vertreter christlichen Glaubens und christlicher Politik mit Recht verehrten Brüder von Gerlach, ferner Fr. v. Bülow, August Wilhelm Götze, Nicolovius ihm liebe Freunde. Eine besondere Verehrung hatte er daneben für den berühmten Architekten Schinkel; ja Clemens dachte eine Zeit lang alles Ernstes daran, sich noch unter seiner Leitung dem Studium der Architektur zu widmen. Auch einige gläubige und begeisterte Katholiken gehörten dem Freundeskreise an; so namentlich der ihm schon von Landshut her befreundete Ringseis, dann der junge Graf Christian von Stolberg, der durch die Reinheit und den Adel seines Wesens das ganze Herz unseres Clemens gewann. Als der junge Held am 19. Juni 1815 in der Schlacht von Belle-Alliance gefallen war, sang Clemens ihm in Görres' Rheinischem Merkur jenes herrliche Lied „Der Krieg zog aus zu kaufen". [64]) Der Umgang mit so vielen ausgezeichneten und frommen Protestanten war für Clemens religiös anregend, hatte aber auch seine Gefahren. Einige Jahre später schrieb Graf Friedrich Leopold Stolberg an seinen jüngsten Sohn Cajus, der als Student in Berlin mit den vortrefflichen protestantischen Freunden seines Vaters viel verkehrte: „Laß

---

[64]) Wir wollen hier einige Strophen mittheilen, weil sie auch zur Charakterisirung des Dichters dienen:

Du Spiegel aller Güte,
Du frommes Jugendblut,
Du sanft, o Adelsblüthe,
Mein Stolberg, o, wir waren dir so gut.

So stark, so frei, so tüchtig,
So kindlich, freudig, fromm,
So muthig und so züchtig,
Mein Stolberg war im Himmel recht willkomm'!

— — —

Nur darum ist gefallen
Stolberg aus freiem Muth,
Daß den Gerechten allen
Sein freies deutsches Leben komm' zu gut.

Das ist der letzte Willen
Bei jedes Helden Tod,
Und diesen zu erfüllen,
Das thut euch, Fürsten, und dir, Deutschland, Noth.

Mit seines Vaters Segen
Und mit dem Kuß der Braut
Und mit dem deutschen Degen
Hat seinen ganzen Schatz er Gott vertraut.

Der hat ihn hingenommen
Aus dieser wilden Welt,
Den Starken, Reinen, Frommen
Dort bessern Kampfes Siegern beigesellt.

Ges. Schr. II, S. 66.

aber durch die vielen guten und lieben Protestanten, die du siehst, dich nicht irre machen im unerschütterlichen Glauben an die auf den Felsen gegründete Kirche. Unter jenen Irrenden sind viele Einzelne Kinder Gottes, aber sie haben keine Kirche, kein Opfer, kein Priesterthum, nicht unsere Eucharistie." [65]) Auch Clemens hätte einer solchen Mahnung bedurft; aber er hätte sie, auch wenn sie ihm geworden wäre, bei seiner auf absolute Unabhängigkeit eifersüchtigen Gesinnung und seiner damaligen Seelenverfassung wohl nicht beachtet. So kam es, daß in derselben Zeit, wo in ihm christlicher Glaube, insbesondere das Bedürfniß der Versöhnung mit Gott mächtig erwachte, specifisch protestantische Anschauungen und entsprechende Vorurtheile und Antipathien gegen die katholische Kirche seiner Seele sich bemächtigten, die noch durch das Studium protestantischer Mystiker, namentlich Jacob Böhme's, Arndt's, auch Swedenborg's, genährt wurden. In diese protestantischen Anschauungen mischten sich in jener Zeit mitunter selbst pantheisirende Gedanken, was bei seinem eigenen Seelenzustande, bei dem Umgang mit Schleiermacher und der Lectüre von Mystikern, wie Böhme, kaum überraschen kann. Selbst die Bemühungen seines Freundes Ringseis, ihn für den katholischen Glauben wiederzugewinnen, wirkten theilweise auch nach jener falschen Richtung hin, denn Ringseis war selbst noch von manchen Irrthümern eingenommen; namentlich hielt er die damaligen katholischen Pseudo-Mystiker, die sog. Erweckten in Baiern, einen Boos, Lindl, Goßner, von denen auch Sailer's Freund Fenneberg berückt und selbst Sailer eine Zeit lang getäuscht worden und deren Grundlehren specifisch protestantisch waren, für Werkzeuge des h. Geistes und ihre schwärmerischen Conventikel für Erneuerungen apostolischen Christenthums. Clemens sollte, wie es scheint, nicht nur alle irreligiösen, sondern auch alle religiösen Irrthümer seines Zeitalters durch Erfahrung kennen lernen und in seiner Seele durchleben, ehe er in dem schlichten katholischen Glauben zu klarem Lichte und ungetrübtem Frieden gelangte. Wir haben von Clemens einen Brief an Ringseis, worin er uns seinen ganzen damaligen Seelenzustand in religiöser Beziehung schildert. Dabei dürfen wir aber nicht vergessen, daß es seine Art war, das, was ihn quälte, in schärffster Weise auszusprechen. Offenbar faßt er in jenem Briefe Alles, was in seinem ganzen Leben aus ungläubigen und protestantischen Anschauungen an Einwänden, Zweifeln und Antipathien gegen die katholische Kirche in seiner Seele sich geltend gemacht und was aus seinem eigenen Innern als Versuchung gegen den katholischen Glauben aufgestiegen war, scharf und erregt zu-

---

[65]) Brief v. 1. Nov. 1817, bei Janssen, Friedr. Leop. Graf zu Stolberg seit seiner Rückkehr zur kath. Kirche. Freiburg, Herder, 1877, S. 470.

sammen, aber doch nicht sowohl wie ein Opponent und Ankläger, als wie ein Hilfe Suchender. „Deine frommen Wünsche," schreibt er an Ringseis, „für mich sind meine eigenen, aber sie sind mir in so fern mehr als Wünsche, als ich sie öfters mit innigster Sehnsucht wünsche. Von den Erbauungsbüchern, in denen ich manchmal lese, hat mich bis jetzt nichts recht innig gerührt, als Kempis und einige geistliche Lieder aus dem anmuthigen Blumenkranz aus dem Garten der Gemeinde Gottes. Die meisten andern Schriften geben mir mancherlei Aergerniß. . . . Das Lesen der Bibel kann mich auch nicht recht fesseln; das Historische darin hindert mich . . . Wenige Menschen haben die Gabe, religiös zu wirken. Es wird bei den Meisten ganz hölzern . . . Ganz aufrichtig zu sein, habe ich nie recht herzlich gebetet, als da ich gar nichts von Religion wußte . . . . Da ich keine Form mehr mitmachte, ja die katholischen Formen mir so fremd und so unverständlich und unangenehm wurden, als die Synagoge . . . . hatte ich häufig tiefe, innere, aber ganz unformelle Erhebungen zu Gott . . . . Daß ich nicht glücklich bin, fühle ich; aber ich fühle auch, daß, wenn ich mich z. B. um eine gänzliche innere Ruhe im katholischen Christenthum bemühen will, ich in eine Quälerei und Verwirrung hineingerathe, daß es mir viel schlechter zu Muthe wird, als vorher, und ein tiefes, allgemeines religiöses Gefühl bei mir in solche Abnahme kommt, daß ich mir nicht zu helfen weiß, und mir alles theilweise leer, todt und grau, theilweise wie eine politische Organisation, theilweise wie eine gräßliche, scheußliche Magie vorkommt. . . . Ich gestehe von ganzer Seele, daß ich viel besser, ja, daß ich vollkommen wäre, wenn ich ganz nach dem Christenthum gelebt hätte, das man mich lehrte; aber ich kann mich auch nicht enthalten, zu fühlen, daß die Lauheit, Kälte Leerheit, Unwürde und Verkehrtheit, ja oft Abgeschmacktheit der Formen, mit und durch welche das Christenthum gegeben wird, demselben den unwiderstehlichen Charakter der höchsten Wahrheit und reinsten Schönheit so gänzlich verbaut, daß das Abirren des Auges von ihm nach weniger vermummten Erkenntnißquellen häufiger einem edlern Triebe zuzuschreiben ist, als der dumpfe, blinde Dienst in demselben. Alles Menschenwerk im Christenthum, das nicht unmittelbar aus Jesus selbst oder dessen Jüngern hervorgegangen, ist dem Geiste Gottes in uns störend und ableitend. . . . Welcher Riesenschritt gehört dazu, den edeln, einfachen, unwiderstehlichen, ewig wahren göttlichen Geist im neuen Testament und die jetzige katholische Kirche in ihrer Formalität zu combiniren? Ich kann nicht damit fertig werden. . . . Welche Schlucht zwischen dem Abendmahle des Herrn und der Hostie unserer Monstranz! Unendliche, blutige Kriege, Sünde und menschliche Verzweiflung, gänzliche Trennung der Meinungen, unabsehbare Greuel liegen dazwischen. Und wer hat gesiegt? Stehen sie nicht alle? Und wo zeigt sich der Geist Gottes lebendiger? In welchen Völkern ist die Lehre Jesu mehr zu Tage getreten, in den rein päpstlich-christlichen, in Protestanten, Reformirten, Griechen, Mennoniten, Herrnhutern, wo? wo? Das mag ein Jeder fühlen, wie er kann. Wer mir sagt: die Katholiken seien die rechten, den frage ich: Warum mußte ihnen denn die Bibel genommen werden, damit sie Katholiken blieben? . . . . Daß ich ein Sünder bin, fühle ich, daß ich meine Sünden bereuen muß, fühle ich, daß es tief in der Natur begründet ist, Ruhe in dem Bekenntniß zu finden, fühle ich auch; aber daß ich nur einem Menschen bekennen kann, auf dem der Geist Gottes unmittelbar ruht, das ist ein Gefühl in mir, das ich nie werde ganz unterdrücken können. . . . Jesus macht Heilige und Priester; aber er hat keine Vorliebe für die römischen Heiligen und Priester. Warum kann kein Weib die Sacramente ertheilen, da sie dieselben empfangen kann, und die Mutter des Heilandes ein Weib war? . . . Was weiß der Papst von dem innern Zustande der Christenheit? Hat er wohl einen Begriff von dem deutschen Geiste Sailer's, Fenneberg's und deiner Freunde? Wie kann ein Papst lebendig vom Geiste Christi durchdrungen sein, der, so fromm als der jetzige, Galerien für Antiken erbauen und den Ritter Canova krönen läßt?" Nachdem Clemens so fast alle protestantischen Vorurtheile und ihr Echo in seiner eigenen Seele erschöpft, bricht er plötzlich mit den Worten ab: „Was geht mich alles dieses an? Warum lockt mich der Satan immer in diese Kritik? Habe ich ein Recht, zur Rechenschaft zu ziehen, da ich voll Schuld und Verderben bin? Und doch muß ich immer wieder den Splitter im Auge der Kirche tadeln, und meines Balkens vergessen. . . . So wohlthätig", schreibt er weiter an Ringseis, „mir dein Umgang war, so lieb ich deine treue Zucht, Stärke und Frömmigkeit gewann, so haben viele deiner schroff ausgesprochenen religiösen Ansichten mich doch sehr gepeinigt, indem es doch gute und geistreiche Menschen gibt, die wohl gerade das Gegentheil eben so fest bekennen mögen. Die Wahrheit ist aber nur Eine, und wohin soll man sich nun wenden in Glaubensartikeln, die man nicht durch Verstehen, die man nur durch Glauben empfangen kann? Ich für mich selbst kann keinen Glaubensartikel in meiner Seele recht festhalten, als die Güte des Guten, die Bosheit des Bösen, und mein einziges Gebet ist stündlich: Allmächtiger, erbarme Dich meiner!" Hier ist wieder eine Lücke — dann fährt Clemens fort: „Was unterbricht mich immer im Schreiben? Ach, es ist die Last, die sich ewig zurückwälzt auf meine Brust. In allen Unternehmungen, warum soll ich dieses, soll ich jenes thun? Es ist vergebens. Auch mein Schreiben an dich ist vergebens; was nutzt es dir? Und mir bringt es Schaden. Mußt du nicht mit Verachtung lesen, was mich selbst erbittert, wenn ich es lese? Der Frühling regt sich; dann empfinde ich immer eine ganz eigenthümliche Angst; sie hängt äußerlich mit unbestimmter Erinnerung, innerlich mit unbestimmter Sehnsucht zusammen. Oft wird mir dann das ganze Leben zur Last, an dem ich nie viel Freude gehabt, und ich sehne mich nach einem Ziele, das reiner und ewiger ist als alles Treiben um mich; aber wie, wie es erlangen!" Dann spricht er noch das Bedürfniß aus nach einer Autorität, die ihn aus seinen Zweifeln herausführe und der er sich rückhaltlos hingeben könne; das thue ihm Noth. Er meint aber, diese Autorität müsse „ein Mensch sein, der ihn an sich banne durch die göttliche Autorität der Unschuld und Frömmigkeit". Endlich spricht er die Ahnung aus, daß doch ein großer Wendepunkt in seinem innern Leben nahe, „weil alle Künste und Strebungen, die ihr Centrum mit Bewußtsein im zeitlichen Leben haben," ihn nicht mehr in hohem Grade interessiren. „Die schönsten Gemälde und Dichterwerke erregen zwar das angenehme Echo alles Erreichten in meiner Seele; aber auch die heftige Sehnsucht, das höchste Ziel, dessen Centrum außer der Zeit ist, zu erreichen. Denn bei Allem, Allem frage ich: Ach, wozu? Alles geht vorüber; warum habe ich diese Augen, es zu sehen? Warum bewegt es mich? Warum kann ich ein Zeugniß davon geben? Was will es mich lehren, damit ich einst, und wo? und vor wem? Rechenschaft davon gebe?" [66])

In derselben Zeit und ohne Zweifel in ganz ähnlichem Sinne wie an Ringseis hatte Clemens in der Noth seiner Seele an Sailer geschrieben, wie wir aus des Letztern uns bewahrter Antwort sehen. [67]) Mit großer Klugheit und Milde ermahnt ihn darin Sailer, Geduld mit sich selbst zu haben, sich nicht durch viele Schwierigkeiten zu verwirren und vor Allem danach zu streben, recht den Geist Christi zu verstehen, sodann eine feste Hoffnung auf die Vergebung seiner Sünden zu erlangen, dann werde er sich endlich auch mit der katholischen Kirche befreunden und den Geist und das Wirken Christi in ihr erkennen. In der That hatte Clemens, wie so Viele in ähnlichem Seelenzustand, nicht sowohl Lösung seiner Zweifel, als wahre Sinnes- und Lebensänderung nothwendig. Er brauchte nur die katholische Religion schlicht zu üben, und alle Zweifel und Vorurtheile waren auf immer verschwunden. Dieser entscheidende Augenblick aber konnte nicht fern sein, da, trotz aller Schuld und Sünde, das Ringen seiner Seele so ernst und sein Rufen zu Gott so eifrig und inständig war. Er hat diesem Ringen und Rufen im Frühlinge des Jahres 1816 in jenem gewaltigen Gedichte Ausdruck gegeben, dem er später den Titel: „Frühlingsschrei eines Knechtes aus der Tiefe"

---

[66]) Brief vom Febr. 1816, Ges. Schr. VIII, S. 178—184.

[67]) Ges. Schr. IX, S. 431—438.

gab und worin er sich selbst unter dem Bilde eines Bergmannes darstellt, dem der Schacht, welchen er sich durch die angeschwemmten Trümmer seiner Zeit geschlagen, zusammenstürzt und den die wilden, bittern Wasser, die aus der eigenen Seele brechen, zu verschlingen drohen. Die Lesung dieses Gedichtes wird die Seele des Menschen Clemens und die Größe des Dichters besser offenbaren, als jede noch so gelungene fremde Darstellung es vermöchte:

Meister, ohne dein Erbarmen
Muß im Abgrund ich verzagen,
Willst du nicht mit starken Armen
Wieder mich zum Lichte tragen.

Jährlich greifet deine Güte
In die Erde, in die Herzen;
Jährlich weckest du die Blüthe,
Weckst in mir die alten Schmerzen.

Ein Mal nur zum Licht geboren,
Aber tausend Mal gestorben,
Bin ich ohne dich verloren,
Ohne dich in mir verdorben.

Wenn sich so die Erde reget,
Wenn die Luft so sonnig wehet,
Dann wird auch die Fluth beweget,
Die in Todesbanden stehet.

Und in meinem Herzen schauert
Ein betrübter, bitt'rer Bronnen;
Wenn der Frühling draußen lauert
Kommt die Angstfluth angeronnen.

Weh! durch gift'ge Erdenlagen,
Wie die Zeit sie angeschwemmet,
Habe ich den Schacht geschlagen,
Und er ist nur schwach verdämmet.

Wenn nun rings die Quellen schwellen,
Wenn der Grund gebärend ringet,
Brechen her die bittern Wellen,
Die kein Witz, kein Fluch mir zwinget.

Andern ruf ich: Schwimme, schwimme!
Mir kann dieser Ruf nicht taugen!
Denn in mir ja steigt die grimme
Sündfluth, bricht aus meinen Augen.

Und dann scheinen bös Gezüchte
Mir die bunten Lämmer alle,
Die ich grüßte, süße Früchte,
Die mir reiften, bitt're Galle.

Herr, erbarme du dich meiner,
Daß mein Herz neu blühend werde!
Mein erbarmte sich noch keiner
Von den Frühlingen der Erde.

Meister! wenn dir alle Hände
Nah'n mit süß erfüllten Schalen,
Kann ich mit der bittern Spende
Meine Schuld dir nimmer zahlen.

Ach! wie ich auch tiefer wühle,
Wie ich schöpfe, wie ich weine,
Nimmer ich den Schwall erspüle
Zum Krystallgrund fest und reine.

Immer stürzen mir die Wände,
Jede Schicht hat mich belogen,
Und die arbeitblut'gen Hände
Brennen in den bittern Wogen.

Weh! der Raum wird immer enger,
Wilder, wüster stets die Wogen;
Herr! o Herr, ich treib's nicht länger —
Schlage deinen Regenbogen.

Herr, ich mahne dich: verschone!
Herr, ich hört' in jungen Tagen:
Wunderbare Rettung wohne —
Ach! — in deinem Blute, sagen.

Und so muß ich zu dir schreien,
Schreien aus der bitt'ren Tiefe,
Könntest du auch nie verzeihen,
Daß dein Knecht so kühnlich riefe.

Daß des Lichtes Quelle wieder
Rein und heilig in mir fluthe,
Träufle einen Tropfen nieder,
Jesus! mir von deinem Blute!

Bei diesem glühenden Bußpsalm des armen Clemens fällt uns Schiller's Resignation ein, sentimental wie die Selbstgerechtigkeit, kalt wie der Tod — und wiederum die evangelische Parabel: „Der Zöllner aber schlug an seine Brust und sprach: O Gott, sei mir armen Sünder gnädig!"

Den entscheidenden Schritt der Bekehrung unseres Clemens führten jedoch nicht die väterlichen Ermahnungen Sailer's, nicht die herzlichen Briefe seines Bruders Christian herbei, der ihm Zeugniß von dem Frieden und dem Glücke ablegte, das er selbst nach ähnlicher Verirrung in der Rückkehr zum Glauben und zum kirchlichen Leben gefunden. Hatten zwei Frauen, Sophie Mereau und Auguste Busmann, den Knoten seiner Lebensirrungen geknüpft, so sollten zwei Jungfrauen die Werkzeuge der Gnade sein, ihn zu lösen. Die eine, Luise Hensel, führte Clemens unter Stürmen und Versuchungen zum Anfang der Bekehrung; die andere, Catharina Emmerich, vollendete auf dem Wege des Kreuzes seine innere Umwandlung und Erleuchtung.

Im September 1816 wurde Brentano zu einer an jedem Donnerstag-Abend im Hause des Staatsraths Stägemann sich versammelnden kleinen Gesellschaft eingeladen, die auch von einigen seiner Freunde besucht wurde, und wo man sich vorzugsweise mit Literatur und Kunst unterhielt. Ehe er kam, redete man von ihm und wußte viel von seinen Eigenthümlichkeiten, aber auch, wie geistreich und witzig er sei, zu erzählen. Da sagte ein junges, ernstes Mädchen: „Wenn Brentano weiter nichts ist als geistreich, so kann er dabei doch ein sehr erbärmlicher und unglücklicher Mensch sein." Als diese Worte gesprochen wurden, war Clemens bereits aus dem offenen Vorzimmer auf den weichen Teppichen in den dämmerigen Salon eingetreten und stand unbemerkt hinter der also Sprechenden. „Guten Abend," sagte er trocken. Die Verlegenheit war groß; das junge Mädchen jedoch bewahrte die Ruhe und bot ihm einen Sitz neben sich an. Er blickte sie ernst an und sagte: „Sie sehen meiner verstorbenen Schwester Sophie ähnlich." Das Gespräch kam wieder in den Gang; Clemens las aus seinen Dichtungen vor, war sehr liebenswürdig und versprach, am nächsten Donnerstag wieder zu kommen. An diesem Tage suchte er alsbald diejenige auf, die ihn mit ihrem Worte tief getroffen hatte und fing an von dem Zustande seiner Seele zu reden. Sie aber antwortete: „Was hilft es, daß Sie einem jungen Mädchen das sagen? Sie sind so glücklich, die Beichte zu haben; Sie sind Katholik; sagen Sie Ihrem Beichtvater, was Sie drückt." Da brach Clemens unter Thränen in die Worte aus: „Nun muß mir das die lutherische Pfarrerstochter sagen!"

Es war die achtzehnjährige Luise Hensel, eine Jungfrau von hohen Gaben des Geistes und großer Reinheit und Würde des Charakters, die sich von Kindheit an durch ihren Verstand und ihr tief frommes Herz zur katholischen Kirche hingezogen fühlte. Wir glauben sie und ihr Leben nicht besser, so weit hier nothwendig, schildern zu können, als mit den einfachen Worten, womit sie selbst in einem Briefe an Professor Schlüter vom Februar 1865 ihre Lebensgeschichte erzählt, als dieser alte Freund sie um diese Mittheilung für Rosenthal's Convertitenbilder bat: „Was meine arme Person betrifft," schreibt sie, „so sagte ich Ihnen schon, daß ich durchaus nicht in diese Galerie gehöre, da ich weder Künstlerin noch Gelehrte bin. Es würde auch schwer sein, ja, für diesen Augenblick mir völlig unmöglich, eine ausführliche Rechenschaft über meinen innern Weg zur Kirche zu geben; ich möchte es aber so auf die Aufforderung eines mir völlig unbekannten Mannes hin auch nicht thun, denn ich müßte manches, was Gott mir innerlich gegeben, profaniren, wovor ich einen großen Widerwillen habe. Katholische Anschauungen hatte ich übrigens schon als Kind, und das einzige Mal, wo ich das Wort „katholisch" aus dem Munde meines Vaters gehört habe, bezog es sich eben auf eine Aeußerung von mir, die ich als Kind von ungefähr 6—7 Jahren gethan, und die meine Mutter dem Vater erzählte, der darauf lächelnd auf mich niedersah und sagte: »Wie kommt das Kind auf die katholischen Ideen?« Ich glaubte von da an, katholisch hieße wunderlich. 1809 starb mein guter Vater. Ich hatte den altlutherischen Katechismus noch bei ihm gelernt; er war lutherischer Pfarrer zu Linum in der Mark Brandenburg. 1810 zog meine Mutter, die Berlinerin war, mit ihren vier noch lebenden Kindern nach Berlin, wo ich die Realschule (jetzt Elisabethschule in der Kochstraße) besuchte. Ich übergehe nun alle die inneren Kämpfe und Kreuz- und Querwege, welche ich sehr früh durchzumachen hatte, indem ich die Kirche suchte, bald bei Jacob Böhme, bald bei den Herrnhutern, wo ich aber gleich in den Bekenntnißschriften kein Genügen fand, und als ich nun fünfzehn Jahre alt lutherisch confirmirt werden sollte, nachdem ich den Unterricht des alten Superintendenten Küster ein Jahr besucht hatte, warf ich mich vor meinem Bett im Schlafzimmer auf die Kniee, als der Wagen vor der Thüre hielt, um mich zur Kirche zu bringen, und machte mit Gott den Pakt: daß ich durch diese Handlung mich nur zum Christenthum im Allgemeinen bekennen und meinen Taufbund erneuern wolle, keineswegs aber mich an eine Confession binden wolle, von der ich nicht überzeugt war, ob sie die von Christus gestiftete Kirche sei. Ich hatte ein Verlangen darnach, die alte Kirche, von der Luther ausgetreten war (den ich von Kindheit an übrigens nicht leiden konnte, weil er, ein Mönch, eine Nonne geheirathet und rohe Tischreden gehalten hatte), kennen zu lernen, wußte mir aber keinen Katechismus zu verschaffen. Gottes Erbarmen half mir innerlich weiter und es fügte sich auch so, daß ich im Jahre 1817 Gelegenheit fand, mit dem damaligen Herrn Propst Taube bekannt zu werden, der mir auf meine Bitte den vortrefflichen Katechismus von Pater Bruns noch in der alten Ausgabe schenkte. Ich fand nun alle meine Fragen, die ich vergeblich an verschiedene protestantische Prediger gerichtet, beantwortet und, was mir besonders viel werth war, mit Bibelstellen belegt. Im Jahre 1818 war meine Ueberzeugung reif und ich meldete mich beim Propst zur Aufnahme in die Kirche und empfing am Fest der unbefleckten Empfängniß Mariä zum ersten Mal den Herrn im h. Sacramente, nachdem ich Abends zuvor die Beichte abgelegt hatte, so gut ich's damals verstand. Gott würdigte mich, ihm große Opfer bringen zu können, indem ich meine sehr glücklichen Verhältnisse verlassen mußte und mit ihnen Alles, was mir hienieden lieb war, in der Meinung, daß es eine Trennung für's ganze Leben sei. Besonders schwer war es mir, daß meine gute Mutter damals so sehr gegen meinen Eintritt in die Kirche war, über deren Lehren und Disciplin sie erst in spätern Jahren jene Irrthümer berichtigte, die in jener Zeit viel mehr als jetzt von den Protestanten geglaubt wurden. Der Propst hatte verlangt, daß ich meinen Uebertritt einstweilen geheim halten und so bald wie möglich Berlin verlassen sollte, da mein Bruder viel am Hofe und meine Mutter befreundet mit einflußreichen protestantischen Geistlichen war. Er fürchtete für die ohnehin damals sehr bedrückten Berliner Katholiken neue Belästigungen; ich fühlte aber auch das Bedürfniß, mich in eine ganz katholische Umgebung zu flüchten und wollte vor Allem die Nonne zu Dülmen, Anna Kath. Emmerich, sehen, deren Gebet und Zuspruch mir die Kraft zu dem unaussprechlich schweren Schritte gewonnen hatte, wie ich noch heute glaube. Ich ging vorläufig nach Münster in das Haus der Fürstin Salm, Tochter der berühmten Gallitzin, erfuhr dort viel Liebe und Güte, wäre aber viel lieber in ein Kloster gegangen, was Gott anders wollte. Zwei Jahre später folgte ich einem Ruf der edeln Gräfin Stolberg, deren drei jüngste Töchter fast schon erwachsen waren, bei denen ich aber noch als Hauslehrerin einige Jahre war, wo ich zugleich auch den jüngsten Knaben meiner verstorbenen Schwester, der mein Pathenkind war, zu mir nehmen durfte, da mein Schwager mir die schriftliche Erlaubniß gegeben, das Kind in meiner Ueberzeugung zu erziehen. Dadurch war ich aber auch verhindert, meinem Wunsche zu folgen und in ein Kloster zu gehen, und ich mußte mich bis vor wenigen Jahren damit begnügen, bald hier, bald da, wo ich aufgefordert ward, ein Stück Arbeit zu übernehmen, bald als Erzieherin und Lehrerin, bald als Krankenpflegerin, denn unnütz wollte ich nicht leben." [68])

Luise Hensel starb nach einem Leben stets sich gleichbleibender Frömmigkeit und Wohlthätigkeit im Herbste 1876 zu Paderborn im Hause der Schwestern von der christlichen Liebe, wo sie in der Pflege der Oberin derselben, ihrer Freundin und Schülerin Pauline von Mallinckrodt, ihre letzten Lebensjahre, krank, aber in unveränderter Geisteskraft und in frommer Geduld und Heiterkeit zugebracht hatte.

Man hat über das Verhältniß Clemens Brentano's zu Luise Hensel viel Verkehrtes geredet und schon damals hat eine Bekannte der Luise, Helmine von Chezy, dasselbe in einem Roman recht indiscret und unwahr verwerthet. In den Briefen des Clemens an sie [69]) und in den Zeugnissen der Luise in den, in ihrem Alter an Schlüter geschriebenen Briefen liegt das ganze Verhältniß sonnenklar vor uns.

Es kann keinem Zweifel unterliegen, daß die Unschuld und Reinheit, die Ruhe und Festigkeit, die heitere und gottvertrauende Frömmigkeit der Luise Hensel, daß namentlich ihre wunderbar einfachen, lieblichen und tief frommen Lieder einen überaus heilsamen Einfluß auf Clemens übten und wesentlich dazu beitrugen, ihn zum Glauben, zur Versöhnung mit Gott und zum Frieden der Seele zurückzuführen. Clemens spricht dieses so klar als wahr in einem Briefe an seinen Bruder Christian aus, worin er ihm Abschrift von einigen Liedern der Luise Hensel [70]) mittheilt. „Du mußt mir erlauben," schreibt er, „den folgenden Liedern, deren Abschrift ich dir aus inniger Liebe überlasse, einige Worte mit auf den Weg zu geben, indem ich dir sage, daß sie das Liebste und mir Wohlthätigste geworden sind, was mir von menschlichen Händen in meinem Leben zugekommen ist. Als ich verwüstet, geängstigt, im Innern unheilbar krank, erstarrt gegen Gott und geekelt gegen die Welt, wie in einer pfadlosen Traumöde im verderbten Leben stand und verzweifelnd an mir selbst, ohne Lust am Bösen und Guten, nichts war als ein dumpfer, todter Mensch: da hat der schwer geprüfte, bestandene kindliche Geist, der diese Lieder aus innigster Liebe zum Herrn gesungen, sich meiner,

---

[68]) Briefe der Dichterin Luise Hensel (herausgegeben von Dr. Schlüter, Paderborn bei Schöningh, 1878) S. 116 ff.

[69]) Briefe derselben an Clemens sind nicht vorhanden.

[70]) Erst in ihrem Alter gestattete Luise Hensel, daß unter ihrer Mithilfe Professor Schlüter eine Sammlung ihrer Lieder bei Schöningh in Paderborn herausgab. Durch diese Sammlung ist auch der Ursprung mancher Lieder, die früher theils als Dichtungen von Clemens, theils als Dichtungen von Diepenbrock, der einige derselben in seinen „Geistlichen Blumenstrauß" aufgenommen hatte, festgestellt. Die Lieder der Luise Hensel, die jetzt in vierter Auflage erschienen sind, sollten in keinem gebildeten christlichen Hause fehlen.

wie der Samariter des unter die Räuber Gefallenen, rücksichtslos auf manche Schmach, erbarmt, und ohne Absicht, ohne Vorbewußtsein einer Heilungskraft, mich aufgerichtet, geduldet, gestärkt und zur Heilung geführt. Diese Lieder haben zuerst die Rinde über meinem Herzen gebrochen, durch sie bin ich in Thränen zerflossen, und so sind sie mir in ihrer Wahrheit und Einfalt das Heiligste geworden, was mir im Leben aus menschlichen Quellen zugeströmt. Indem ich sie dir mittheile, theile ich dir das Liebste, was ich habe, theile ich dir mit, was mir noch immer das innerlich weckendste und beweglichste ist, das mich stündlich mahnet und tröstet. Ob es die Macht des unschuldigen, drängenden Gefühles ist, aus dem sie entsprungen, ob es der Moment ist, in dem sie mir begegneten, der sie mir so erbauend macht, weiß ich nicht; aber es hat mich nie ein menschlich Wort so gerührt, und wo ich gehe und stehe, liegt der Vers in meinen Ohren:

»Immer muß ich wieder lesen
In dem alten, heil'gen Buch,
Wie der Herr so mild gewesen,
Ohne List und ohne Trug.«

Dich hat der barmherzige Gott mit wundervollen Stimmen gerufen; er hat für jedes Herz einen andern Schlüssel, ich übergebe dir hier den, mit welchem er zu mir gekommen. Du hast mir auch deine Wege brüderlich gezeigt, möge in uns ein Vertrauen erwachsen, das uns Beiden hilft dahin, wo allein Heil ist." [71])

Auf der andern Seite ist eben so gewiß, daß Clemens aus dem Zusammentreffen mit Luise Hensel am Anfang auch schwere Versuchung, die schwerste seines Lebens, entsprungen ist.

Eine mächtige Neigung zu ihr bemächtigte sich seines Herzens. Ganz gewiß war es eine reine und edele Liebe und es ist sicherlich reine Wahrheit, wenn wir in einem Briefe vom Januar 1817 an sie lesen: „Wer dich [72]) kennt, wie ich dich kenne, und deiner begehrte, den kann ich mir gar nicht denken, so unverschämt und dumm kommt er mir vor. . . . Meine Liebe zu dir ist keine weltliche Lust, dich anzuschauen und zu hören, und nach dir zu streben; es ist eine unermeßliche Sehnsucht, dir zu danken und von dir zu lernen. Von deiner Freundlichkeit kann ich leben, mehr brauch' ich nicht, um recht glücklich zu sein." Allein es war dennoch eine irdische Leidenschaft, deren Gluth man, wie aus Briefen, so auch aus

---

[71]) Brief vom 3. December, Ges. Schr. VIII, S. 238.

[72]) Das „du" kann keinen Anstoß erregen, wenn man die Sitten der Zeit und Kreise, in denen Clemens lebte, und seine Art kennt, Alle, die ihm besonderes Vertrauen einflößten, mit „du" anzureden, da ihm das „Sie" unerträglich steif vorkam. Billigen wollen wir damit diese Sitte nicht.

verschiedenen in dieser Zeit entstandenen Dichtungen, noch mehr aber aus dem Umstand abnehmen kann, daß Clemens in der ersten Zeit ernstlich an eine eheliche Verbindung dachte, und deshalb, anstatt den katholischen Tendenzen der Luise Hensel entgegenzukommen, denselben mit Leidenschaftlichkeit entgegenwirkte. Allein so gewiß diese Versuchung nicht verborgen werden kann, eben so unzweifelhaft steht die Thatsache fest, daß sie vollkommen überwunden wurde; von vornherein durch Luise Hensel, die als eine wahrhaft kluge und starke Jungfrau Clemens zwar mit freundlicher Geduld ertrug und ihn mit frommer Klugheit zu Gott hinzuführen suchte, aber zugleich mit unerbittlicher Strenge seiner Leidenschaft jede Nahrung entzog, jede Hoffnung abschnitt, erklärend, daß sie fest entschlossen sei, im jungfräulichen Stande zu verharren. Sie betrachtete ihre Aufgabe Brentano gegenüber als eine von Gott ihr aufgelegte schwere Pflicht. In diesem Sinne schreibt sie an Schlüter, als dieser ihr im Jahre 1852 den ersten Band der eben erschienenen Gesammelten Werke des bereits seit zehn Jahren verstorbenen Clemens übersandte: „Ich kann Ihnen nicht sagen, wie diese Lieder mich rühren. . . . Es sind so viele an mich, alte, ernste Bekannte, die mich an eine sehr schwere Epoche meiner frühen Jugend erinnern. Gott hatte mir, dem tiefen und glühenden Herzen dieses »armen Pilgers«, wie er sich gern nennt, gegenüber einen überaus schmerzlichen Auftrag gegeben.“ [73]) Sie hat diesen Auftrag, wie man sieht, unter eigenem Schmerze, aber vollkommen erfüllt. Bei dieser Gelegenheit wollen wir auch noch ein Zeugniß derselben aus einem Briefe an Schlüter anführen: „Daß Ihnen der »fahrende Schüler« Freude macht, begreife ich wohl. . . . Auch ich halte den guten seligen Clemens Brentano für einen wahren, hochbegabten Dichter, und was mich immer an ihm gerührt hat, ist, daß mir kein Beispiel bekannt ist, daß er je mit seiner Gabe gefrevelt hätte. Ich kenne nichts Freches, Unsittliches, Gotteslästerndes von ihm, selbst nicht aus der Zeit, wo er mit der Kirche zerfallen war. Dann war er ohne alle Eitelkeit, wie ich die unbedeutendsten Versmacher unserer Tage nie gesehen. Seine tiefsten und schönsten Lieder quollen so plötzlich und natürlich aus seinem Herzen hervor, daß man sie eigentlich mehr ihm gegeben, als gemacht nennen möchte. Er konnte nicht anders.“ [74])

Auch Clemens trug, obwohl erst nach schweren Kämpfen, einen vollkommenen, entscheidenden, bleibenden Sieg über sich selbst davon.

Als er im Frühjahre des Jahres 1817 bei dem ehrwürdigen Propst Taube an St. Hedwig eine Beichte über sein ganzes Leben ablegte,

---

[73]) Briefe der L. Hensel, S. 51.

[74]) Brief v. 13. Dec. 1851, a. a. O. S. 44.

war es eine wahre Bekehrung; sein Gewissen war mit den Gesetzen Gottes und seiner Kirche in vollkommener Uebereinstimmung und ist es geblieben. Wir besitzen noch den kurzen Brief, den er kurz vor dieser heiligen Handlung, am ersten Februar 1817, an seinen Bruder Franz schrieb. Er lautet: „Ich fühle mich berufen, mein Testament zu machen, da ich im Begriffe stehe, mit ganzer Seele vor Gott und seinem Priester auf Erden mein Herz in einer Generalbeichte zu ergießen, und, im festen Vertrauen, daß unser Erlöser Jesus Christus auch für mich gelitten, und daß seine Barmherzigkeit unendlich größer als meine schwere Schuld ist, freudig und rein ein neues Leben anzufangen. Lieber Bruder, du hast durch Gottes Gnade deinen Glauben von Jugend auf fest und rein erhalten, du standest immer treu und rein da, wohin ich mit schwerem Herzen, aber mit beseligender Zerknirschung zurückkehren muß; so nehme denn mein herzliches Bitten christlich und brüderlich an, daß du mir alles, was ich je Kränkendes und Beleidigendes mit Worten, Gedanken und Handlungen gegen dich und die Deinigen gethan, herzlich verzeihen mögest. Ich will alles, wie es mir armen Menschen nur immer möglich ist, wieder gut zu machen suchen." Von dem Tage seiner Bekehrung an hat Clemens seine religiösen Pflichten mit großer Treue geübt und namentlich oft und regelmäßig die h. Sacramente empfangen.

Clemens und Luise Hensel bewahrten für einander lebenslänglich eine geschwisterliche Freundschaft. Wohl klingt in Clemens' Briefen und Gedichten in der nächsten Zeit noch mitunter der Nachhall früherer Gefühle wieder und war es ihm namentlich schwer, dem ihm so wohlthuenden persönlichen Verkehr mit derjenigen, der er die Rettung seiner Seele nächst Gott zu verdanken glaubte, zu entsagen. Aber er brachte, nach ihrem Wunsch und seiner eigenen Einsicht, auch dieses Opfer, als er im Herbste des Jahres 1818 nach Dülmen abreiste. Dort heilten die etwa noch vorhandenen Wunden seiner Seele schnell und vollständig. Aus den spätern Briefen an Luise Hensel, die eben so verständig als unbefangen heiter, ja lustig sind, leuchtet der vollkommene Friede seines Herzens hervor. Jede Gefahr früherer Stürme ist längst verschwunden.

So viel über die Bekehrung des Clemens, über den Antheil, den Luise Hensel daran hatte und über das Verhältniß Beider zu einander. Was das übrige Leben und die dichterischen Productionen Brentano's betrifft, so führte er in dieser Zeit ein sehr zurückgezogenes Leben. Von den Verbindungen mit der Welt, insbesondere mit der Welt des Theaters hatte er sich schon vorher gänzlich frei gemacht. Fast nur den Kreis im Hause Stägemann's besuchte er noch. Da seine Gedichte nicht künstliche Producte waren, sondern ihm von selbst aus der Seele quollen, so darf es uns nicht wundern, daß eine große Zahl seiner schönsten lyrischen Gedichte dieser Zeit angehört. Einige wunderbare Gebetserhörungen, welche damals von öffentlichen Blättern gemeldet wurden, sind von ihm zur Erbauung nicht nur seiner katholischen, sondern auch seiner protestantischen Freunde in den Gedichten „Die Gottesmauer" und „Die heiligen fünf Wunden" besungen worden. In diese Zeit fällt auch seine Herausgabe der „Trutznachtigall" von Friedrich Spee.

Wohlthätigkeit übte er in jenen Hungerjahren in reichstem Maße, so daß er sich selbst im Nothwendigsten beschränkte, um desto reichlichere Almosen geben zu können. Fast täglich besuchte er persönlich Arme und Kranke in ihren Wohnungen und trug ihnen oft selbst am Abend Speisen, ja Brennholz zu. Mehrere literarische Producte schuf und gab er nur zu dem Zwecke heraus, um den Erlös daraus für Werke der Bamherzigkeit zu verwenden. So kam er im Frühjahr 1817 zur Mutter Luisens mit der Bitte, ihm doch eine Geschichte zu erzählen, die er zu einer Erzählung bearbeiten könne, da er einer größeren Summe für eine sehr arme Familie bedürfe. Sie erzählte ihm die Geschichte von einem Unterofficier, der aus überreiztem Ehrgefühl sich selbst in Schlesien das Leben genommen, und eine andere Geschichte von einer Kindesmörderin. Daraufhin hat er in wenigen Tagen die Geschichte „vom braven Kasperl und dem schönen Annerl" geschrieben. Wir erwähnen sie ausdrücklich, weil sie in den Kreisen der modernen Literarhistoriker unter allen Dichtungen des Clemens den größten Beifall gefunden hat und um ihretwillen Brentano für den Vater der sogenannten Dorfgeschichten erklärt worden ist. Die Erzählung ist allerdings von ergreifender Schönheit; den großen Beifall aber im Vergleich zu anderen, viel vorzüglicheren Dichtungen desselben verdankt sie sicher dem Umstand, daß sie am wenigsten katholisch ist und bei allem religiösen Ernste, der in der alten Großmutter und ihrem Liede weht, dennoch eine gewisse Verklärung des Selbstmordes und des Kindesmordes enthält. Ja, Freiligrath [75]) glaubte darin ein revolutionaires Element zu finden. Nichts lag der friedfertigen Seele Brentano's ferner, als dergleichen.

---

[75]) Da kam Brentano! Wie mit Blutestropfen
Schrieb er sein Annerl in gewalt'gen Zügen!
Der wußt' es wohl, wie nied're Herzen klopfen,
Und wie so heiß' des Volkes Pulse fliegen!
Er warf zuerst aus grauer Bücherwolke
Den prächt'gen Blitz: „die Leidenschaft im Volke".

Bei Diel-Kreiten, Bd. 2 Seite 90. Diese Verse Freiligrath's sind nur ein neuer Beweis für die poetische Gewalt Brentano's und welchen Beifall seiner Zeitgenossen er hätte erwerben können, wenn er gewollt hätte und kein gläubiger Christ geworden wäre.

Dülmen.

Als Clemens im Jahre 1813 eines Tages in Gesellschaft seiner Freunde bei einem Glase Wein saß, las Graf Christian Stolberg einen merkwürdigen Brief seines Vaters vor über die, Jahres zuvor aus ihrem aufgehobenen Kloster Agnetenberg zu Dülmen vertriebene Augustinerinnen-Nonne Anna Katharina Emmerich, welche durch ihre ungewöhnliche Frömmigkeit, noch mehr aber durch ihre Stigmatisirung die Aufmerksamkeit ernster und gläubiger Männer, namentlich des ehrwürdigen Bernhard Overberg und des Grafen Friedrich Leopold Stolberg selbst, auf sich gezogen hatte. In dem erwähnten Briefe des Letztern heißt es: „Overberg meldete uns — nämlich ihn und seine Gemahlin — bei Anna Katharina. Morgens 9 Uhr führte er uns zu ihr. Ihr kleines Zimmerchen hat nur einen Eingang und liegt an der Straße. . . . Sie ist im höchsten Grade reinlich, in dem kleinen Stübchen ist nicht der mindeste Geruch. Sich zu zeigen, ist ihr ein großes Leiden. Sie empfing uns mit herzlicher Freundlichkeit. Overberg bat sie für uns, daß sie die Hände unter dem Tuche hervornahm, unter dem sie dieselben verborgen zu halten pflegt. Es war Freitag. Die Dornwunden hatten stark geblutet. Sie nahm nun Haube und Tuch ab. Stirn und Kopf waren wie von großen Dornen durchstochen; deutlich sah man die frischen, zum Theil noch mit frischem Blute erfüllten Wunden, und der ganze Kreis um den Kopf war beblutet. . . . Die Wunden auf den Rücken der Hände und Füße sind weit stärker als die auf den innern Flächen, und die Wunden an den Füßen größer als an den Händen. Alle bluteten zugleich. Die Aerzte behaupteten das Wunder der Sache früher und lauter, als die Geistlichen, weil jene nach sichern Regeln der Wissenschaft die vorliegenden Erscheinungen zu beurtheilen, evidente Angaben haben. Sie sagen, es sei unmöglich, solche Wunden in gleichem Zustande durch Kunst zu erhalten, da sie weder eitern, noch sich entzünden, noch heilen. Sie sagen auch, es sei natürlich nicht zu erklären, daß die Emmerich bei diesen an sich schon unbegreiflichen Wunden und bei der unablässigen Pein, welche sie nie ganz verläßt, nicht verschmachte, nie etwas blaß, und ihr Blick voll Leben des Geistes und der Liebe sei. Seit einiger Zeit hängt es von ihr ab, ob sie Besuche annehmen wolle; diese sind ihr lästig, und die meisten, manchmal solche, die von weitem kommen, werden abgewiesen. Nur durch Vorstellung von einigen Geistlichen oder vom Arzte, an welchen sich Freunde zu wenden pflegen, wird sie bewogen, Ausnahme zu machen. Sie sagt: sie habe genug zu thun, Gott zu bitten, daß Er ihr in ihren beständigen Schmerzen die Geduld erhalte; es heiße Ihn versuchen, ihre Geduld durch Menschen, welche mehrentheils nur aus Neugierde kommen, auf die Probe zu setzen. Wer nicht an Jesum Christum glaube, der werde ihrer Wundmale wegen wohl nicht gläubig werden. . . . Anna Katharina, welche in ihrer Kindheit das Vieh gehütet und gern Arbeit verrichtet hat, spricht mit zarter Stimme und drückt sich über die Religion in edeler Sprache, welche sie nicht im Kloster lernen konnte, nicht nur mit Würde und Bescheidenheit, sondern mit erleuchtetem Geiste aus. Ihr geistvoller Blick, ihre heitere Freundlichkeit, ihre lichthelle Weisheit und ihre Liebe athmen aus allem, was sie sagt. Sie spricht leise, aber mit heller, reiner Stimme. Es ist nichts Ueberspanntes in ihren Aeußerungen, weil Liebe nichts von Ueberspannung weiß; sie zeigt hin auf's Höchste, auf eine in allen Handlungen, Worten und Empfindungen waltende Liebe zu Gott und auf Duldsamkeit gegen Alle, Liebe zu allen Menschen. »Wie glücklich,« sagte sie zu Sophie, »sind wir, Jesum Christum zu kennen! Wie viel schwerer ward es unsern Vätern, den Heiden, zu Gott zu gelangen!« Und weit entfernt, sich der äußern Zeichen der Begnadigung Gottes zu überheben, fühlt sie sich deren unwerth und trägt mit demüthiger Besorgniß den Schatz des Himmels in zerbrechlichen irdenen Gefäßen.“ [76])

Dieser Brief machte auf die ganze, vorzugsweise aus Protestanten bestehende Gesellschaft wegen der unanfechtbaren Glaubwürdigkeit und hohen Autorität des Schreibers tiefen Eindruck. Clemens aber rief aus: „Wenn das wahr und diese eine so heilige Person ist, wie können wir hier sitzen und Wein trinken?“ — Später war Christian Brentano in Dülmen und hatte die Emmerich mit kritischen Augen mehrere Wochen lang beobachtet. Er ermunterte Clemens, auch zu kommen und zu sehen. Im Herbst 1818 schrieb Sailer an Clemens, er werde nächstens mit Christian Brentano den Grafen Stolberg auf seinem Gute Sondermühlen in Westfalen besuchen, und lud ihn ein, auch dorthin zu kommen. Darauf entschloß sich Clemens zur Reise. Er hat dieselbe in Briefen an Luise Hensel [77]) ausführlich und sehr heiter und launig beschrieben. Er wurde auf's herzlichste bei Stolberg aufgenommen und fand sich in dieser herrlichen christlichen Familie ganz glückselig. Sailer's Ankunft aber verzögerte sich. Seinerseits machte Clemens auf Stolberg einen sehr guten Eindruck. Dann ging es nach Dülmen. Möge er es uns selbst erzählen: „Donnerstag den 24. September, Mittags um halb elf Uhr kam ich in Dülmen, einem einfältigen Landstädtchen, voll guter, Ackerbau treibender Leute, an. . . . . . Der Arzt (Dr. Wesener), ein herzguter, fromm gewordener, geistvoller Mensch mit sehr lieber Frau

[76]) Schmöger, das Leben der gottseligen Anna Katharina Emmerich. Freiburg bei Herder 1867. Bd. I, S. 341.

[77]) Ges. Schr. VIII, S. 259 ff.

und gutmüthigen Kindern empfingen mich fröhlich, kannten mich gleich als Bruder Christian's. . . . . Der Arzt führte mich zur Emmerich . . durch eine kleine Küche in ein angeweistes Stübchen. Da liegt die liebe Seele, das liebste, freundlichste, heiterste, reinste, lebendigste Angesicht, mit schwarzen, treuen, tiefen Augen, voll Leben und Feuer, schnell wechselnder Farbe. Sie streckte mir die Hände mit den Wunden freudig entgegen und sagte mit heiterer, freundlich schneller Rede: „Ei, Gott grüß' Sie! ja, nun sieh' ein Mal, das ist der Bruder (nämlich Christian's), den hätt' ich unter Tausenden gekannt.“ [78])

Clemens wollte nur kurze Zeit in Dülmen bleiben; aber er blieb mit wenigen und kurzen Unterbrechungen da, bis Katharina Emmerich am 9. Februar 1824 in ihrem 50. Lebensjahre [79]) starb. Abgeschieden von aller Welt lebte er hier unter einfachen, westfälischen Bauersleuten, deren lebendiges Christenthum und unschuldige Sitten er nicht genug loben konnte. Im Orte waren der Arzt Dr. Wesener und einige schlichte und fromme alte Geistliche sein ganzer Umgang. Die Bauern gewannen ihn bald lieb, da sie seine einfache Frömmigkeit, mit der er alltäglich die h. Messe hörte, den Rosenkranz betete, an Sonn- und Festtagen die h. Sacramente empfing, sowie seine große Wohlthätigkeit wahrnahmen. Besonders aber hatten ihn die Kinder lieb. „Es war ein seltsamer Herr,“ sagte in erwachsenen Jahren eines dieser Kinder aus, „stumm und ernst, nur mit uns Kindern war er ganz freundlich und heiter, scherzte und erzählte uns fromme Sachen.“ Eine Probe seiner wunderbaren Gabe, „von frommen Sachen“ mit den Kindern zu reden, haben wir in den von Diel-Kreiten [80]) mitgetheilten Briefen an die Kinder der Familie Diepenbrock. Aber auch unerschöpflich lustig war er mit den Kindern. „Als ich noch ein Knabe von 9 bis 10 Jahren war,“ erzählt ein Verwandter derselben Familie, „besuchte uns Clemens oft. . . . . . Er spielte mit uns Kindern ganz kindlich und wir wußten uns wegen seiner wunderkomischen Einfälle manchmal vor Lachen nicht zu halten.“ Seine Liebe zu den Kindern war jetzt durch den Glauben und die göttliche Liebe übernatürlich geheiligt, wie er dieses in so manchen Gedichten aus der Dülmener Zeit, ganz besonders in dem Liede „Ermunterung zur Kinderliebe und zum Kindersinn“, ausgesprochen hat. In wundersamer Einfalt und Innigkeit ist Alles darin enthalten, was Tiefes und Liebliches, Hohes und Ergreifendes über diesen Gegenstand gesagt werden kann. Es schließt mit den Worten:

---

[78]) Ges. Schr. VIII, S. 269.

[79]) Sie war am 8. September 1774 als Tochter armer und frommer Bauersleute in der Bauerschaft Flamske bei Coesfeld geboren.

[80]) Bd. II. S. 171 ff.

Wer dies sang, war auch ein Kind,
Und ist jetzt ein armer Sünder,
Und er schreibt auf Sturm und Wind:
Wachet über Gottes Kinder.
Wer dies sang, war auch ein Kind,
Herr, laß dies ihn heiß empfinden,
Sich den Kindern durch das Jesukind verbinden.

In der zahlreichen Familie des edeln und christlichen Hofkammerrathes Diepenbrock, auf dem nicht fern von Dülmen gelegenen Haus Holtwick, sowie dessen Schwiegersohnes, des gleichgesinnten Landraths von Bostel, eines Universitätsfreundes des Clemens, war letzterer wie ein Familienglied aufgenommen. Bei Diepenbrock war er auch mehrere Tage mit Sailer zusammen, als dieser endlich zum Besuch Stolberg's und der Emmerich kam. Bei dieser Gelegenheit wurde der hochbegabte Sohn des Hauses, Melchior, der Cameralwissenschaft studirt, dann aber die Befreiungskriege mitgemacht hatte und aus denselben, zum Kummer seiner Eltern, religiös erkaltet zurückgekehrt war, merkwürdig schnell und vollkommen durch Sailer im Glauben befestigt und für innige Religiösität gewonnen. Clemens Brentano und Melchior Diepenbrock wurden damals innigste Freunde. Bald nachher faßte der zukünftige Cardinal und Fürstbischof von Breslau, nach einem Besuch bei der Emmerich, den Entschluß, sich ganz Gott im Priesterthume zu weihen. Der Umgang mit Familien, wie die Stolberg'sche und Diepenbrock'sche, und mit Priestern, wie der ehrwürdige Overberg und der damals noch junge Kellermann waren, wirkte auf Brentano's religiös-sittliche Entwickelung überaus wohlthätig. Aber nichts ist in dieser Beziehung zu vergleichen mit dem Einfluß, den Katharina Emmerich auf ihn übte, deren von einer höhern Weisheit geleitetes und getragenes Verhalten ihn allmälig zu einer Lebendigkeit des Glaubens, einer Richtigkeit, Reinheit und Tiefe religiöser Erkenntniß, zu einem Ernst und einer Solidität eines schlichten und echten christlichen Tugendlebens emporführte, wovon er am Anfange seiner Bekehrung noch kaum eine Ahnung hatte und die über jeden Zweifel und Einwand erhaben sind.

Mehr noch als die übernatürlichen Erscheinungen der Stigmatisirung, des jahrelangen Lebens ohne jegliche Nahrung, des ekstatischen Schauens des Lebens und Leidens des Herrn und der Geschichte des Reiches Gottes auf Erden vom Beginne des Menschengeschlechtes bis zu seiner Vollendung, insbesondere des in dem übernatürlichen Leben der Kirche sich fortsetzenden Lebens und Leidens Christi; mehr noch als alles dieses — von dessen Wahrheit und Realität er mit zweifelloser Gewißheit durch jahrelange tägliche Erfahrung und sorgfältigste Beobachtung überzeugt war — war es das Beispiel des heiligmäßigen Lebens der Begnadigten, was so mächtig auf ihn wirkte: die kindliche Einfalt ihres Glaubens, ihre tiefe Demuth, ihr vollkommener Gehorsam gegen ihre geistlichen Vorgesetzten, ihre starkmüthige Geduld in fast ununterbrochenem unsäglichem Leiden, ihre opferfreudige Liebe, womit sie all' ihre Leiden aus Liebe zum Heilande, für seine Kirche, für zahllose besondere Anliegen der Lebenden und der Verstorbenen, in nie rastendem Seeleneifer aufopferte, ihre stete Heiterkeit mitten in der Pein, ihr kluges und mildes Verhalten gegenüber dem Nächsten, ihr barmherziges Wirken, womit sie, die Arme, die Armen und Kranken unterstützte und jeden durch die Leiden ihr gelassenen freien Augenblick benutzte, um für Arme und arme Kinder zu arbeiten, und dabei der stete Frieden und die heilige Ordnung, die all' ihr Thun und Lassen regelte. In dieser Schule schwanden ihm rasch alle irrigen Anschauungen und Vorurtheile, die bisher noch seinen Glauben und sein Urtheil verdunkelt und ihm Schwierigkeiten bereitet hatten. Die Knechts- und Leidensgestalt der Kirche, die ihm ein Stein des Anstoßes gewesen, lernte er nun als die Signatur des Gekreuzigten verstehen und zugleich zwischen der in ungetrübter Reinheit und unerschöpflicher Kraft in ihr fortlebenden Wahrheit und Gnade Christi und der Gebrechlichkeit ihrer Glieder unterscheiden und so die Kirche immer vollkommener erkennen und inniger lieben. Durch das Beispiel und die Belehrungen der Katharina Emmerich lernte er auch den Trug falscher häretischer Mystik und die Täuschungen einer pietistischen Gefühlsreligion, wie sie damals in so manchen Zeiterscheinungen zu Tage traten und ihm in Berlin noch imponirt hatten, in ihrer Nichtigkeit und Verderblichkeit einsehen. Er machte von Tag zu Tag Fortschritte in der demüthigen und bußfertigen Erkenntniß seiner selbst, aber auch in einem freudigen und entschiedenen Arbeiten, um gerade jene Tugenden zu erringen, die ihm bisher am meisten gefehlt, namentlich Geduld, Selbstverleugnung und Selbstbeherrschung, ruhigen und geordneten Fleiß, demüthiges, standhaftes und vertrauensvolles Streben nach dem Einen Nothwendigen. Schon in der ersten Zeit seines Dülmener Aufenthaltes hatte er folgende Worte niedergeschrieben: „Ich fühle, daß ich hier eine Heimath finde, und es ahnet mir, als könne ich dieses wundervolle Wesen vor seinem Tode nicht verlassen, und es solle meine Lebensaufgabe mir hier zu Theil und mein Flehen erhört werden, daß mir doch Gott hier auf Erden irgend ein Geschäft übergeben möge, das meinen Kräften angemessen wäre und zu seiner Ehre gereichen könnte. Ich will mich bemühen, den Schatz von Gnaden, den ich hier erblicke, mit gutem Willen nach Kräften einzusammeln und zu bewahren.“ [81])

[81]) Diel-Kreiten II, S. 161.

Dieses von Gott ihm aufgetragene und seinen Kräften angemessene Geschäft erblickte er, und Katharina Emmerich und competente Geistesmänner mit ihm, in der Aufzeichnung der Gesichte, oder wenn man lieber will, der Betrachtungen und Beschauungen der Katharina Emmerich, besonders derer über das Leben und Leiden Christi. Es war dieses auch ganz gewiß die wichtigste Aufgabe seines Lebens, und er hat sie mit gewissenhaftester Treue und ausdauernder Geduld vollbracht. Aber erst nachdem er in eigener Heiligung und Geduldübung sich durch ein fast zweijähriges Noviziat dazu vorbereitet und zahllose Schwierigkeiten überwunden hatte, durfte er mit Genehmigung der geistlichen Vorgesetzten dieses Werk der Aufschreibung des Lebens und Leidens Christi nach den Mittheilungen der Emmerich beginnen.

Man hat öfters behauptet, daß diese Aufzeichnungen wohl zu einem guten Theile der Phantasie des Dichters entsprungen sein möchten, ja, daß Clemens selbst mehr auf die Emmerich bezüglich dieser Visionen eingewirkt, als von ihr empfangen habe. Wenn man aber näher zusieht, so sind solche Meinungen — die mitunter selbst von Clemens nahe stehenden und wohlmeinenden Personen, geschweige denn von solchen, deren Urtheil durch ihren Unglauben bezüglich des Uebernatürlichen oder durch frühere über Clemens gefaßte Ansichten bestimmt war, getheilt wurden — das Product subjectiver, dem natürlichen menschlichen Mißtrauen sich nahelegender Stimmungen, während eine genaue, objective Betrachtung der Thatsachen, namentlich die allseitigen und gründlichen Untersuchungen Schmöger's, denen Diel-Kreiten im Wesentlichen beistimmt, das vernünftige Urtheil begründen, daß Clemens in diesen Aufzeichnungen mit der gewissenhaftesten Treue verfuhr, daß er zu diesem Ende alle Sorgfalt und Vorsicht anwendete, daß er auch hierzu mit seiner feinen Beobachtungsgabe und seinem eindringenden Verständnisse sehr geeignet war, daß auch seine, freilich ihm eigenthümliche, sprachliche Wiedergabe dessen, was die Emmerich unter vielen Unterbrechungen und Schmerzen und in westfälischer Mundart mittheilte, eine sehr adäquate ist. Dadurch sind selbstverständlich einzelne Irrungen in dem Schreibenden wie in der Erzählenden nicht ausgeschlossen. Was aber die Gesichte selbst betrifft, so hat die Kirche darüber kein Urtheil gefällt, und wenn sie eines fällte, würde dasselbe nur aussprechen, daß sie nichts gegen den Glauben und die guten Sitten enthalten und daß vernünftige Gründe dafür sprechen, daß die Betrachtende dabei in besonderer Weise von Gott erleuchtet gewesen. Gegenstand des katholischen Glaubens können solche Visionen niemals sein. Ueberaus schön und richtig hat sich hierüber Katharina Emmerich selbst ausgedrückt in den Worten: „Ich habe nie etwas in geistlichen Dingen geglaubt, als was Gott der Herr geoffenbaret hat und durch die heilige katholische Kirche zu glauben vorstellt, es sei solches ausdrücklich geschrieben oder nicht. Und nie habe ich das, was ich in Gesichten gesehen, eben so geglaubt. Ich sah diese an, wie ich hier und da verschiedene Weihnachtskrippen andächtig betrachtete, ohne an der einen durch die Verschiedenheit der andern gestört zu werden; ich betete in einer jeden nur dasselbe liebe Jesuskindlein an, und so ging es mir auch mit den Bildern von der Schöpfung Himmels und der Erde und des Menschen; ich betete Gott den Herrn, den allmächtigen Schöpfer Himmels und der Erde, darin an." An dieser Auffassung hielt auch Clemens fest. „Sollten die folgenden Betrachtungen," sagt er in der Einleitung zum bittern Leiden, „unter vielen ähnlichen Früchten der contemplativen Jesusliebe sich irgend auszeichnen, so protestiren sie doch feierlich auch gegen den mindesten Anspruch auf den Charakter historischer Wahrheit (wie viel weniger Glaubenswahrheit!). Sie wollen nichts, als sich demüthig den unzählig verschiedenen Darstellungen des bittern Leidens durch bildende Künstler und fromme Schriftsteller anschließen, und höchstens vielleicht für eben so unvollkommen aufgefaßte und erzählte, als ungeschickt niedergeschriebene Fastenbetrachtungen einer frommen Klosterfrau gelten, welche solchen Vorstellungen nie einen höhern, als einen menschlich gebrechlichen Werth beilegte, und daher einer fortwährenden innern Mahnung zur Mittheilung nur aus Gehorsam gegen den Befehl ehrwürdiger Gewissensführer mit Selbstüberwindung Folge leistete." Hieraus geht hervor, wie besonnen Clemens verfuhr und wie weit entfernt er von jedem enthusiastischen oder gar fanatischen Wesen in dieser Sache war. Das zeigt sich auch darin, daß er schon in der frühern Zeit seines Aufenthaltes in Dülmen, wo Katharina Emmerich unter unsäglicher, aber völlig erfolgloser Quälerei zum Gegenstande polizeilicher und medicinischer Untersuchungen [32]) gemacht und in öffentlichen Schriften, wie ja bei solchen Dingen niemals ausbleiben kann, in der empörendsten und unbegründetsten Weise von dem landläufigen Rationalismus angegriffen wurde, sich von jeder Polemik gänzlich fern hielt, überzeugt, daß solche Dinge nicht auf den Markt gehören und am besten dem Schutze der Vorsehung ohne Unruhe anheimgestellt werden, die ihr Werk zu schützen versteht.

Seiner tiefbegründeten Ueberzeugung, daß es seine von Gott ihm auferlegte Lebensaufgabe sei, die Visionen der Emmerich seiner Zeit und

---

[32]) Ueber dieselbe schrieb damals Clemens in einem muster- und meisterhaften Briefe an Clemens August von Droste-Vischering, den damaligen General-Vicar von Münster: „Es war mir, als sollten Ungläubige nach dem Glauben in einem lebendigen Menschen suchen, und gingen, ihm das Herz zu zerlegen, worin sich das Corpus delicti finden solle, und da sie das Unsichtbare nicht fanden, würden sie über Betrug schreien." Der ganze Brief vom Sept. 1819 (nicht 1820) Ges. Schr. VIII, S. 405.

der Nachwelt zu bewahren, ist Clemens bis zu seinem Tode treu geblieben. Wie er in Dülmen mit unermüdlichem Fleiße an der Aufschreibung alles dessen, was er hier erlebte, Tag für Tag arbeitete, so verwendete er später mit fast nicht minderer Treue seine Zeit und Kraft auf die Ordnung und Durcharbeitung des ungeheuern Materials. Alles Andere erschien ihm wie Nebensache.

Daher suchte er möglichst alles zu meiden, was ihn mit Zeitverlust, und noch mehr, was ihn mit dem Verluste der innern Sammlung und Geistesruhe zu bedrohen schien. Das war der Hauptgrund, weshalb er im Jahre 1826 selbst die Einladung seines Bruders Christian nach Rom ablehnte. Während Clemens Solchen, die er für empfänglich hielt, von seinen Erlebnissen in Dülmen gern erzählte und Einzelnes aus seinen Manuscripten vorlas, hat er, wie wir unten sehen werden, nur „das bittere Leiden unseres Herrn Jesu Christi, nach den Betrachtungen der gottseligen Anna Katharina Emmerich“ während seines Aufenthaltes in Regensburg 1833 im Druck herausgegeben. Dasselbe ist seitdem in vielen Auflagen erschienen und in die meisten europäischen Sprachen übersetzt worden. Der Segen, der dadurch unzähligen Seelen durch lebendigere und innigere Erkenntniß Christi und seines Reiches, Mehrung der heiligen Liebe und manchfaltigen Trost zugeflossen ist und fortwährend zufließt, läßt sich nicht ermessen. Ein Baum aber, der gute Früchte bringt, ist ein guter Baum. In München bereitete er noch das „Leben der h. Jungfrau Maria nach den Betrachtungen der Anna Katharina Emmerich“ zum Drucke vor. Aber erst lange nach seinem Tode, 1852, ist es erschienen. Clemens hat seine auf die Emmerich sich beziehenden Manuscripte einem seiner jüngsten und theuersten Freunde, dem Professor Haneberg in München, — nun auch bereits als Bischof von Speyer verstorben — testamentarisch hinterlassen, weil er ihn durch seine Frömmigkeit und Gelehrsamkeit, wie durch seine vielfältige Vertrautheit mit dem Gegenstande, für besonders geeignet hielt, dieselben in rechter Weise herauszugeben. Allein Haneberg übertrug das Werk auf einen Andern, auf den eben so frommen und sinnigen, als gelehrten Redemptoristenpater Schmöger. Dieser hat das Leben Christi, mit Ausschluß des in der Passion Enthaltenen, nach den Aufzeichnungen des Clemens von 1858 bis 1860 in drei, und das Leben der Emmerich 1867 und 1870 in zwei starken Bänden herausgegeben.

Wenigstens so viel mußte in dieser kurzen Lebensbeschreibung von dem gesagt werden, was Clemens als sein eigentliches Lebenswerk betrachtete, um dessen willen er alles Andere in die Schanze schlug und sich gern von der Welt für einen Narren und Fanatiker halten und von der Zunft der Literaten mit jedem erdenklichen Spott und Schimpf übergießen ließ.

In einer Zeit, wo der Rationalismus und Naturalismus selbst unter den Katholiken den Glauben geschwächt und das religiöse Bewußtsein bis in's Herz hinein durchkältet hatte, hat Clemens Brentano dadurch, daß er den Muth und die Liebe hatte, seine Zeitgenossen mit Katharina Emmerich in anziehender und anregender Form bekannt zu machen, für die Wiedererweckung christlicher Erkenntniß und christlichen Lebens mehr gewirkt, als oberflächliche Geschichtspragmatik erkennt. Ob ohne seinen Vorgang Görres je seine Mystik geschrieben hätte, ist eine große Frage. Im Einzelnen mag er, wie auch Görres, auf diesem lange verschütteten Gebiete in Manchem geirrt haben; allein die Wiedererweckung einer wahrern und tiefern Erkenntniß des übernatürlichen Lebens und die Anerkennung der Fortdauer auch der außerordentlichen übernatürlichen und wunderbaren Erscheinungen, wie sie uns überall in der heiligen Schrift bezeugt sind, im Leben der Kirche war ein Verdienst dieser Männer, das kaum hoch genug angeschlagen werden kann.

Obwohl Brentano in Dülmen ganz mit seiner großen Aufgabe beschäftigt war und sein früheres literarisches Treiben ihm gestorben schien, so hat er doch auch in dieser Zeit manche schöne Blüthen der Poesie in einzelnen Gedichten hervorgebracht, die mit seinen Briefen aus jener Zeit ein treues Spiegelbild seines innern Lebens sind.

Frankfurt und Coblenz.

Während seines langen Aufenthaltes in Dülmen hat Clemens nur drei Ausflüge außerhalb Westfalens gemacht: den ersten gleich Anfangs nach Berlin, um seine dort zurückgelassenen Sachen theils zu veräußern, theils nach Dülmen zu bringen; den zweiten nach Köln und Bonn, wo er bei Professor Windischmann einige Tage zubrachte; den dritten nach Frankfurt zur silbernen Hochzeit seines Bruders Franz. Nur bei diesem Aufenthalt in Frankfurt, der in die zweite Hälfte des Jahres 1823 fällt, wollen wir ein wenig verweilen, weil er uns neue und tiefe Blicke in das Herz und Leben unseres Clemens gewährt.

Allgemein fiel die vortheilhafte Veränderung auf, die mit seinem Wesen vorgegangen war. Aber auch davon überzeugte man sich, daß die Lebendigkeit und Fülle seines Geistes und seines Humors eher zu-, als abgenommen. Da zeigte sich die Lächerlichkeit der über ihn in Rede und Schrift verbreiteten und bis zur Stunde bei den Literaten nachgeschleppten Gerüchte, daß er durch seine Bekehrung ein finsterer Schwärmer geworden. Wir wollen so manche ergötzliche Anekdote hierüber nicht anführen, sondern nur ein paar Zeilen hersetzen, die er in einer spätern Zeit an eine alte Freundin, Frau von Ahlefeld, schrieb: „Sollte es," schreibt er, „Ihr theilnehmendes Herz betrüben, sich auf irgend eine Weise veranlaßt zu fühlen, in mir eine friedelose, finstere, menschenquälende religiöse Ansicht oder Gemüthsstimmung vorauszusetzen, so ist es eine Pflicht, Ihnen zu erklären, daß Sie sich, gewiß aus gutem Willen, durchaus in dieser Ansicht von mir irren. . . . . . Meine liebe Freundin, ich bin nicht finster, nicht ohne Friede, nicht menschenfeindlich, habe keine trübe Religionsansicht, — nein, ich bin offen, heiter, liebe meine Feinde so sehr, daß es mir undenkbar ist, welche zu haben. Meine Religion ist keine Ansicht, sie ist einfältiger Glaube an die ewige, in der Zeit offenbarte Wahrheit. Wie aber wäre es möglich, daß bei einem Herzen, das wie ein Buch offen zu Tage liegt, nicht Blätter voll Thränen mit etwas erloschener Schrift erscheinen sollten, wenn dieses Herz vor den Menschen, wie vor Gott sich manchfach schuldig bekennen muß? Liebe Freundin, ich bedarf eben so sehr der Barmherzigkeit der Menschen, als der Gottes! Denn ich lebe, ich bin lebendig angeregt von Allem, ich bin weniger gestorben, als die Weltmenschen, welche eigentlich alle lebendig eingesargt sind und den Sargdeckel nach der Mode auf der Nase oder dem einen Ohre tragen. Adieu! liebe gute Frau von Ahlefeld! Haben Sie Geduld mit mir, ich und der liebe Gott thun es auch. Gott segne Ihr Herz und dessen Leben und Lieben."[88]) Das ist der ganze Clemens.

Freilich wohnte in dem Herzen desselben seit seiner Bekehrung ein doppelter Schmerz, den er in solcher Weise früher nicht gekannt hatte: der süße Schmerz der Buße und der bittere Schmerz darüber, daß so Viele, die er liebte, von der Kirche getrennt waren. Letzteres verleidete ihm namentlich den Aufenthalt in Frankfurt. Sonst war damals, außer seiner Familie, so Vieles in Frankfurt, was ihn dort hätte fesseln können, so viele hochgebildete, ihm befreundete Männer, wie Rath Schlosser, Geheimerath Willemer und dessen Schwiegersohn Senator Thomas, Schöff Fischard, die drei Brüder Passavant, vor allem aber der junge Böhmer, der nachmalige große Geschichtsforscher. Der Letztere, nicht lange von seiner italienischen Reise zurückgekehrt, war damals vorzugsweise mit dem Studium der alten christlichen Kunst und mit Gründung des Städel'schen Kunstinstituts beschäftigt. Sein edeles, tiefes, christliches Wesen und seine stets wachsende Sympathie für die katholische Kirche hatten von vornherein Brentano angezogen und Beide zu inniger Freundschaft mit einander verbunden. Gegen Böhmer hat Clemens sein ganzes Herz ausgeschüttet in jenem unvergleichlichen Briefe, den er im Februar 1824

---

[88]) Brief v. 22. Februar 1834. Ges. Schr. IX, S. 301.

von Dülmen aus an ihn richtete, um ihn mit feuerigen Worten heiliger Liebe zur Rückkehr zur Kirche zu mahnen. Unserer Zeichnung Brentano's würde etwas Wesentliches fehlen, wenn wir nicht wenigstens einige der bezeichnendsten Stellen dieses Briefes mittheilten.

Böhmer hatte aus der Armseligkeit der ihn umgebenden Gegenwart nach einem Pathmos sich gesehnt. Clemens antwortet: „Unsere Zeit ist eine Zeit des mahnenden Gewissens. . . . Unserer Zeit, welche unter allen Larven des höheren Interesses und der sogenannten ewigen Aufgaben die niedere, schmutzige, greuliche Last der Endlichkeit, des Todes und der Sünde durch die Faschingsnächte der Begeisterung und der Bildung umhergetrieben, scheint der reine, rührende, einfache, heilige junge Tag in die müden, verbuhlten, verschminkten Augen; beschämt schlüpft sie um die Kirche her und um das Kreuz, wo es die papiernen Bibeldiener nicht niedergeworfen haben. Ach, unsere Zeit! wasche dich, reinige dich, demüthige dich und geh' zur Kirche, empfange das Aschenkreuz, wo es alljährlich noch gegeben wird." Dann gibt er Böhmer zu verstehen, daß all' sein Ungenügen eine verborgene Sehnsucht nach der Kirche und ein Stachel des Gewissens sei, und fährt dann fort: „Aber, mein Lieber, auf daß Sie keine Entschuldigung haben mögen, es sei Ihnen nicht gesagt, so sage ich es Ihnen hier: Sie werden nie ein Genügen, eine Wahrheit, eine einzige, ewige, unendliche, alles erfüllende Aufgabe und Lösung finden; Sie werden fortfahren, Ihr Leben, Ihr Herz, wie einen Firnißtopf, über allerlei lichtlose Nachahmung des Heiligen auszugießen. . . . . Sie suchen und arbeiten und regen sich vergebens, so lange Sie der erkannten Wahrheit, wo nicht widerstreben, jedoch ausweichen und nebenher laufen. Pfui! Schämen Sie sich! Warum lassen Sie mir nur ein Bißchen übrig, Ihnen sagen zu können: Buhle und coquettire nicht länger mit der Wahrheit, die dich immer sucht und in jedem deiner Gedanken so liebevoll anruft. Beuge deinen steifen Doctornacken, armer Sünder; gehe zur Kirche, der die Schlüssel gegeben sind, lasse deine Schuld lösen, vereinige dich mit dem Brautleibe des Herrn, mit der Kirche, lebe als ein treuer Knecht in ihr, gestärkt und genährt mit ihren Gnaden, lebe liebend und leidend um Jesu willen, damit du nicht ewig sterbest und nie auferstehest. . . . . Sollte diese Art meiner Antwort auf Ihr liebevolles Schreiben," setzte er begütigend bei, „Sie etwas befremden, so trösten Sie sich mit mir; ich habe Sie herzlich lieb und habe oft an Sie gedacht. . . . . Alles Andere ist klein gegen die Liebe. Aber absit, daß hier von der salva venia Liebe die Rede sei; nein von der salve Regina Liebe." Im weitern Verlauf des Briefes redet er über sein Verhältniß zu Frankfurt in Worten, welche sein ganzes Verhältniß zur Welt überhaupt erklären und den Schlüssel zu seinem, oberflächlichen Beurtheilern oft unerklärlichen Benehmen unter Menschen geben. „Ich war in Frankfurt durchaus in einer peinlichen und störenden Lage. . . . Mit dem vortrefflichen Bruder Franz fand ich ein inneres, tieferes Band. . . . Sonst hatte ich keinen nur einigermaßen lebendigen Katholiken und mußte mit allerlei Ceremonien und Witzen meine Gesinnung einschwärzen. Meine reichen, unendlich rührenden Erfahrungen aber konnte ich in kein Herz gießen; und das war hart für mich, denn ich bin nicht wohl, ja ich möchte fliehen, wo ich nicht offen sein darf. . . . Was soll ein so ganz abgeschlossener katholischer Mensch, der die vier Species nicht kann, in einer sehr lauen, lutherisch-katholischen Handelsstadt? Etwa Spaß machen und Witze auf den Courszettel einführen? . . . Und tausend Laster neben sich dulden, und das ganz ruhig mit ansehen, bis er selbst erschlafft, und wo nicht selbst Schlechtes übt, doch sich scheut, das Gute zu üben? Lieber Freund, ich bin mit Jesu Blut zu theuer erkauft, um es zu dürfen; und mein Herz, das immer überwallen möchte, ist zusammengeschnürt in dieser Weltlust, in diesem leeren, unheiligen Treiben, und es sei mir erlaubt zu sagen: ich bin mit vielen Schmerzen des Mitleides unter meinen armen Mitmenschen, welche abgeschnitten sind von der Kirche, meiner Mutter. . . . Glauben Sie gewiß, der schöne christliche Ton und die Melodie im Charakter des ungemein lieben und sinnigen Thomas und der Seinigen war mir durchaus lieblich und erquickend; solche Seelen sind sehr selten und sehr wohlthätig; aber je schöner die Seelen, je größer der Schmerz um sie. Ich muß wohl vor solchen Menschen mich tief schämen ob all' ihrer Tugend und Liebe zu Allem, was von Jesus geschrieben steht, und ob ihrer treuen Uebung des Geschriebenen nach ihrem Privatgeist; aber ich muß sie bejammern, daß sie Ihn nicht erkennen im heiligen Sacrament und in der wesentlichen, nicht bloß moralischen Kraft aller Seiner Gnadenmittel; daß sie Ihn kennen, und nicht haben; daß sie Ihm folgen wollen, und Seine Heerde verlassen. Alles das verzehrt mich in der Nähe; und darf ich auch vor ihnen sprechen und klagen und Alles sagen, und lieben sie mich gleich, diese guten Menschen, so fühle ich doch eben in dieser so schönen Duldung einen selbstsichern Harnisch über ihrer Brust, ohne welchen sie mich nie so vertraulich mit ihrem Mantel einschlingen würden." Dann geißelt er in schmerzlichem Humor den Wahn von einer unsichtbaren Kirche oder einer aus katholischer Form und protestantischem Wesen verquickten Zukunftskirche. [84])

Dieser Schmerz und diese Sehnsucht der Liebe wegen der Getrennten äußern sich mit stets wachsender Innigkeit durch das ganze noch

---

[84]) Ges. Schr. IX, S. 49—71.

übrige Leben unseres Clemens und sprechen sich, wie in den Briefen, so auch in den empfindungsvollsten Strophen seiner Dichtungen aus. So namentlich in den beiden Gedichten an Frau Willemer:

Horch! Gläser klingen! Man möchte sich durchdringen,
Möcht' eins nur sein, da man Gesundheit trinkt.
O kranke Lieb', die mit zerbroch'nen Schwingen
Ein Zeugniß der verlor'nen Einheit winkt.
Wo fehlt's uns denn? Warum wird mir so bange
Bei diesem Bruchstück vom zerbroch'nen Bund?
Getrennt sind wir, es ist so ewig lange,
Im Tode wird die Liebe erst gesund.
Da hast du's nun. — Was quälst du mich zu schreiben?
Verstehst du dies? Wer's liest, verlachet mich,
Und wer es merkt, wird mich von dannen treiben.
So lebe wohl, dein Engel schütze dich!

Und noch rührender in dem wohl aus dem Jahre 1836 stammenden Sylvesterabend-Lied „Leb' wohl, du Jahr in Thränen" an Emilie Linder.

Geh' hin, du Jahr voll Thränen,
Geh', werfe dich zu ihren Füßen hin;
Und wasche sie mit Thränen,
Sag' ihr, daß ich ihr armer Bruder bin.

Ihr Bruder ganz in Thränen,
Ihr kranker Bruder, um die eigne Schuld,
Um fremde Schuld in Thränen,
Ihr Bruder weinend um der Väter Schuld.

O sterbe, Jahr in Thränen,
Weil uns'rer Väter Schuld die Kinder trennt,
Und diesen scheint ein Wähnen,
Was uns're Mutter ew'ge Wahrheit nennt.

Ein Jahr in Thränen war für Clemens auch das Jahr 1824. Am 9. Februar desselben war er Zeuge des heiligmäßigen Todes der Katharina Emmerich. Unmittelbar danach schrieb er an Melchior Diepenbrock: „Geliebter Melchior, thue dein Herz auf, auch du bist ja ein geliebtes Kind von ihr. . . . Nun flehe du zu Gott, daß Er mich führe, seinen Willen zu vollbringen! O, ich bin nun sehr verlassen, außer in Euerer Liebe (der Brief ist zugleich an Sailer gerichtet), und Alles ist mir finster, außer meine Schuld und das Kreuz." [85])

Eine Zeit lang war sein Leben wie entwurzelt. Der aus seiner verborgenen Klause in Dülmen vertriebene Pilger wußte nicht, wo sich niederlassen. Zuerst verweilte er bei seinem Freunde Bostel; dann war er in Bonn bei Windischmann, den er im Kampfe gegen die Hermesianer

---

[85]) Ges. Schr. IX, S. 74.

fand, die im Wahn, den Glauben wissenschaftlich zu begründen, das Wesen des Glaubens zerstörten. Hierauf sah er mit doppeltem Schmerz Arnim und Bettina auf einige Tage zu Schlangenbad im Taunus; war dann in Mainz und Wiesbaden und rastete endlich — ohne Gefühl der Heimath — bei seinen Geschwistern in Frankfurt.

Allein schon hatte die Vorsehung ihm eine neue Lebensstation bereitet. Im Herbst kehrte Stadtrath Hermann Joseph Dietz, aus dem Elsaß, wo er vergeblich barmherzige Schwestern für das Coblenzer Bürgerhospital gesucht, zurückkehrend, in dem befreundeten Brentano'schen Hause ein. Dieser rheinische Mann von ächtem Schrot und Korn, der Busenfreund von Joseph Görres und sein Genosse in den geistigen Kämpfen in und nach den Befreiungskriegen für das deutsche und für das engere rheinische Vaterland, hatte sich ganz dem Wohle seiner Vaterstadt Coblenz, den Werken der Barmherzigkeit und der Förderung katholischen Lebens gewidmet, zu dem auch er, nach früheren Abirrungen, mit schlichtem, warmem Glauben zurückgekehrt war. Er hatte Clemens vor Jahren gekannt und empfand jetzt eine gewisse Scheu vor ihm; aber bald fühlte er sich von ihm angezogen und kam in den Unterredungen mit ihm zur Klarheit über Vieles, was bisher ihm bezüglich seiner charitativen Lebenspläne unklar gewesen. Das schreibt Dietz selbst an Görres: „Ich muß mein Zusammentreffen mit Brentano für meinen Theil als eine ganz besondere Gnade ansehen, weil ich auf eine schnelle Weise zu einer Einsicht gekommen bin, die mir nicht recht lebendig werden wollte. . . . . . . Es ist ihm mit dem, was er sagt und thut, wahrhaft ernst. Er ist innerlich gegründet, klar, ohne alle Schwärmerei, und nur wegen einiger auffallender Aeußerlichkeiten in Verdacht. Auch ist von theologischen und pietistischen Faseleien gar keine Ader an ihm, und er hält und weist ganz einfältig zur Kirche, wie diese es seit 1800 Jahren thut.“ [86])

Clemens ging mit Dietz nach Coblenz und wohnte als thätigster Helfer an all' seinen guten Werken in seinem gastlichen Hause. Erst als die Rückkehr eines Sohnes eine Veränderung nöthig machte, nahm Clemens Wohnung bei dem inzwischen ebenfalls nach Coblenz gezogenen Vater Diepenbrock.

Dietz hatte umsonst barmherzige Schwestern für das Bürgerhospital gesucht; nun boten sich ihm einstweilen drei von dem Geiste einer hl. Elisabeth erfüllte christliche Jungfrauen zum Dienste der Armen und Kranken an. Die eine war Melchior Diepenbrock's Schwester, Apollonia, die bis in ihr hohes Alter in diesem Werke der Barmherzigkeit

---

[86]) Görres, Ges. Briefe. III, S. 187 ff.

(später in Regensburg) verharrte; Luise Hensel, welche, weil ihrem Verlangen nach dem Kloster unübersteigliche Hindernisse sich entgegenstellten, sich ganz dem Dienste Christi in den Armen weihen wollte, und ein frühverstorbenes Fräulein Pauline von Felgenhauer. Solche Beispiele sich selbst opfernder heiliger Liebe waren damals in Coblenz nicht vereinzelt; das beweisen Caroline Settegast, Gretchen Verflassen[87]), die Gräfin Amalie von Merveldt, Gertrud Nell[88]), die alle in Coblenz Christo in den Armen und Kindern dienten. Wenn äußere Gewalt die Uebung der evangelischen Räthe in der ihr entsprechendsten, der klösterlichen Form unmöglich macht, suchen und finden Glaube und Liebe andere Wege.

Clemens stellt uns in einer kurzen Briefnotiz ein lebendiges Bild von dem frommen, freudigen und barmherzigen Leben und Wirken in Coblenz vor Augen: „Unsere drei Jungfern, Hensel, Diepenbrock und Felgenhauer," schreibt er am 8. April 1826 seinem Bruder Franz, „haben nun ein halbes Jahr die Kranken im Hospital mit großer Liebe und Frömmigkeit, und selbst viele in der Stadt mit Pflege der beschwerlichen Nachtwachen, bedient, ja selbst die Todten aus den Sälen getragen, mit den Sterbenden gebetet und viele verkehrte und verlorene Personen durch Liebe und Gebet zur Bekehrung auf dem Krankenlager gebracht; ihr Beispiel erweckte viele andere Jungfrauen der Stadt, deren mehrere bereits die Werke der Liebe und Almosenpflege zu großer Erbauung üben. Aber wo ist auch eine solche Liebe und Stütze, wie der treffliche Dietz; es ist nicht zu sagen, wie dieser treue, fromme, Gott und Menschen dienstbare Mann Tag und Nacht für seine leidenden Nebenmenschen arbeitet." [89]) Wie viel Hilfe und Anregung bei alle dem von Clemens ausging, läßt sich nicht bestimmen und ermessen. Gewiß ist, daß er nicht nur sehr liebreich, sondern auch in einer ungeahnten Weise praktisch sich erwies. In Frankfurt und wo er sonst Zugang hatte, bettelte er für die Coblenzer wohlthätigen Werke. Alles, was er von seinem Einkommen erübrigen konnte, gehörte ohnehin den Armen; selbst sein Capitalvermögen griff er an, so als er Dietz 1833 auf einmal 5000 Gulden für das Kinderhaus bei St. Barbara schenkte. Auch dem „mildthätigen Frauenverein" mit seiner Armenkinderschule flößte der an dessen Spitze tretende Dietz und der erwachende religiöse Geist neues, christliches Leben ein.

---

[87]) Vgl. Karoline Settegast von A. Joachim. Coblenz bei Hergt 1874. — Gretchen Verflassen von A. H. Hannover bei Meyer 1870.

[88]) Ihre Person und Lebensgeschichte hat Clemens in den „Barmherzigen Schwestern" in der 10. Beilage beschrieben.

[89]) Ges. Schr. IX, S. 96.

Endlich gelang es Dietz, Barmherzige Schwestern vom h. Karl Borromäus aus Nancy für das Bürgerhospital zu gewinnen. Clemens hat uns ihre Ankunft mit Worten geschildert, die heute etwas besonders Rührendes haben. „Seit einer Generation hatte das Volk in diesen Gegenden keine Klosterfrauen mehr gesehen, aber es begegnete ihnen überall mit Ehrfurcht und Freundlichkeit, und die Kinder freuten sich, endlich ein Mal Nönnchen zu erblicken, von welchen ihre Großeltern ihnen so oft erzählt hatten. . . . Vielen ältern guten Leuten erwachten bei dem Anblicke der Klosterfrauen lange entschlummerte Jugenderinnerungen an eine friedlichere kindliche Zeit, da Hügel, Thäler und Inseln und der Schooß der Städte mit geweihten Zufluchtsstätten gottverlobter Menschen geheiliget waren, wo mancher Trost, manche Erweckung, manches geistlich fruchtbare Almosen gegeben ward, was die Welt nicht geben kann.“ [90])

Nachdem die Barmherzigen Schwestern das Bürgerhospital übernommen, widmete sich Luise Hensel der Erziehung der weiblichen Jugend im Pensionat von St. Leonhard in Aachen; Apollonia Diepenbrock aber übernahm bald nachher mit Gräfin Amalie von Merveldt in Coblenz ein neues Werk der Barmherzigkeit, die Pflege armer Kinder in einem alten Franciscanerkloster, woraus das Waisenhaus von St. Barbara erwuchs. Bald nach der Ankunft der Barmherzigen Schwestern machte Dietz in Begleitung von Clemens eine Reise nach Paris. Dort studirte dieser das aus den Trümmern der Revolution neu aufsprossende christliche Leben. „Mit Staunen und Rührung,“ schreibt er, [91]) „gewahrte ich die große Anzahl der reichlichst ausgestatteten und meist von geistlichen Händen in der höchsten Vollkommenheit verwalteten milden Anstalten. Ich sah die Schaaren dieser Gott zur Armen- und Krankenpflege geweihten Jungfrauen der verschiedensten Orden, wie sie ihre Pflichten mit Freudigkeit verrichteten. . . . Die Fülle geistlicher Barmherzigkeit, welche ich hier helfen und heilen sah, verhielt sich zu den Anstrengungen der Welt, Unheil zu stiften, als schaue eine Sonne voll Himmelslicht und Lebenswärme in eine trübe, dampfende, schmutzige Illumination des Palais Royal und seinen betäubenden Lärm hinab. Ich fühlte lebendiger als je, daß wenige Menschen, die sich um Jesu willen überwinden und verbinden, durch die Kraft Seiner Gnade stärker sind, als große Schaaren der Heroen irgend einer Zeitpartei, die, um die Gelüste ihres Ichs zu befriedigen, in des Teufels Namen eins zu werden scheinen, und es doch nie werden, noch werden können, weil nur Jeder sich selbst sucht und findet.“

---

[90]) Die barmherzigen Schwestern. 2. Aufl. S. 141.

[91]) Ges. Schr. IV, S. 356.

Von Paris zurückgekehrt, wollte Clemens nun zum Nutzen der Barmherzigen Schwestern in Coblenz eine kleine Schrift schreiben. Allein das Schriftchen wuchs ihm unter den Händen zu einem stattlichen Buche [92]) heran, welches er erst 1831 in Frankfurt vollendete. Dieses Buch, mit der Genauigkeit eines Statistikers und der Gründlichkeit eines Geschichtschreibers geschrieben, ist ganz Geist und Leben und vermittelt dem Leser eine vollständige Erkenntniß, nicht nur der äußern Organisation und des materiellen Wirkens, sondern auch des innern Geistes der Congregation der Barmherzigen Schwestern und der charitativen Genossenschaften überhaupt. Mit diesem Buche war ein ganz besonderer Segen verknüpft. Nicht nur haben dadurch viele vom Zeitgeist verwirrte redliche Menschen wieder Verständniß für christliche Armenpflege und für die, derselben allein vollkommen genügenden, religiösen Genossenschaften gewonnen, sondern es hat das Buch auch thatsächlich den Barmherzigen Schwestern den Weg in Deutschland, zunächst in Baiern, bereitet.

Clemens hatte von der Zeit an, wo das Licht des Glaubens ihm aufgegangen war, kaum etwas so oft und warm in seinen Briefen ausgesprochen, als die Nothwendigkeit christlicher Erziehung und zu diesem Ende wahrhaft christlicher Erziehungsanstalten. Als das vollkommenste Mittel hierzu erschienen ihm auch hier stets die religiösen Erziehungsorden. Allein er wußte auch, was in seiner Zeit ausführbar und nicht ausführbar war. Als daher zwei begabte und fromme Schwestern, Therese und Sophie Doll, in Marienberg bei Boppard, unter Mithilfe von Gretchen Verflassen, eine höhere katholische Töchterschule gründeten, wurde Clemens der eifrigste Beförderer der Anstalt. Sophie Doll, die anfänglich durch das Streben nach allzu hoher weltlicher Bildung die christliche Erziehung gefährdete, bekennt selbst, [93]) daß sie durch Clemens bessere Erkenntniß erlangt und daß durch ihn ein neuer Geist nach Marienberg gekommen sei.

In dem schönen Buche von Diel-Kreiten [94]) wird ein Zeugniß einer Ordensfrau mitgetheilt, die in ihrer Jugend das Leben und Wirken unseres Clemens in Coblenz beobachtet hatte. „Brentano", heißt es hier, „machte mir und, so viel ich weiß, meinen Bekannten den erbaulichen Eindruck eines beständig gegen seine vulcanischen Naturanlagen kämpfenden Menschen. Eine Kleinigkeit, die seinem Kunstsinn, seiner Ansicht nicht entsprach, konnte ihn heftig aufreizen. . . . Hatte er aber Jemanden gekränkt, so war es rührend zu sehen, wie demüthig, gutmüthig,

---

[92]) Die Barmherzigen Schwestern in Bezug auf Armen- und Krankenpflege, nebst einem Berichte über das Bürgerhospital in Coblenz und erläuternden Beilagen. Coblenz bei Hölscher, 1831. 2. Aufl. Mainz bei Kirchheim 1852.

[93]) In dem bei Diel-Kreiten II, S. 411 mitgetheilten Brief.

[94]) Bd. II, S. 417.

erfinderisch er zu versöhnen suchte. So hatte der arme Mann viel von sich selbst zu leiden und war doch so tief durchdrungen von dem Einen Nothwendigen, und so eifrig bemüht, alle seine Nebenmenschen auf die Bahn dieses Einen Nothwendigen hinzulenken. Sein eigenes Leben war ganz kirchlich; er ging täglich in die heilige Messe, jeden Samstag beichten; wie oft er die h. Communion empfing, weiß ich nicht. In allen seinen Lebensbedürfnissen war er sehr genügsam, gab alles, was er erübrigen konnte, den Armen. Er betete gern den Rosenkranz gemeinschaftlich, forderte manchmal auf Spaziergängen dazu auf, überhaupt war seine Muttergottes-Verehrung sehr warm, innig und einfach. . . . Was er in einzelnen Seelen gewirkt hat, weiß ich nicht; ich schrieb seinem Einfluß aber immer die erhebende, begeisternde Frömmigkeit zu, die damals in unserem Kreise herrschte."

Allein Clemens wirkte auf viel weitere Kreise anregend und helfend für das Eine Nothwendige, das seine ganze Seele erfüllte. Der fast gänzliche Mangel einer populären und wirksamen katholischen Presse erfüllte ihn mit Schmerz und Eifer. Nicht einmal genügende religiöse Schriften waren vorhanden, während die antikatholische Presse fast widerspruchslos herrschte und ein, unter dem dünnen Mantel sentimentaler Frömmigkeit verhüllter naturalistischer Indifferentismus namentlich durch die von Zschokke herausgegebenen „Stunden der Andacht" das religiöse Leben des Volkes zu vergiften drohte. Fast alle seine Briefe an seine Freunde aus jener Zeit sind voll von Mahnungen zu praktischer literarischer Thätigkeit. Er selbst sorgte, daß gute Bücher, namentlich Uebersetzungen guter französischer Werke erschienen, so z. B. das Leben des h. Franciscus Xaverius, das Leben Fénelon's von Ramsay, wozu er selbst über das Verhältniß Bossuet's zu Fénelon eine Einleitung [95]) schrieb, und die vortrefflichen Parabeln des P. Bonaventura Giraudet. An der von Räß und Weis, zwei jungen Professoren des Mainzer Seminars, nachher Zierden des Episkopates, gegründeten Zeitschrift „Der Katholik" nahm er den lebhaftesten Antheil und suchte sie in jeder Weise zu unterstützen. Als diese Zeitschrift eine Zeit lang nach Straßburg verlegt werden mußte und der hier exilirende Görres factisch die Redaction führte und seine prächtigen Artikel schrieb, wurde Clemens mit höchster Freude erfüllt. In seinen Briefen an Görres drängt er ihn fort und fort, nicht bloß zufällig publicistisch zu wirken, sondern, weil er wie Keiner in der Zeit befähigt und berufen sei, durch größere, selbständige Werke Christenthum und Kirche zu vertheidigen. Im Jahre 1826 besuchte Clemens mit Räß in Straßburg Görres, den er seit so vielen

---

[95]) Ges. Schr. IX, S. 448 ff.

Jahren nicht mehr gesehen. Es war ein glückseligeres Zusammensein, als je zuvor, da nun Beide in dem Höchsten und Heiligsten einig waren. Während Görres noch vor einigen Jahren über Clemens einige Zweifel und Vorurtheile gehegt, als ob bei seiner religiösen Richtung manches Phantastische sich einmische, wurde er jetzt eines Bessern belehrt. Von Straßburg machte Clemens mit Räß eine Reise durch die Schweiz, wobei er sich namentlich darüber freute, daß der Mainzer junge Professor auf die Schüler Sailer's in der Schweiz, Widmer, Gugler, Geiger, Sigrist, einen so guten Eindruck machte. „Alle die geistlichen Freunde in der Schweiz", schreibt er an Christian,[96]) „gefielen mir sehr. Sie haben alle vielen Sinn und guten Willen, sind für nichts Wahres und Gutes verschlossen, und zugleich fromm, werden auch nicht leicht etwas Linkisches ausgehen lassen, sind auch alle demüthig und sittenrein, hilfreich und ungemein wohlthätig im Umgang. Jedoch gestanden sie gern ein, daß ihrer ganzen Schule jene äußere priesterliche Disciplin und Haltung[97]) fehle, welche sie in Räß bewundern mußten, und die Widmer, der mich nach Straßburg begleitete, auch dort bewunderte. Ihr Wein ist ein edeler Jahrgang und in großer Fülle, aber die Kellerwirthschaft, die Faßbinderei ist nicht so gründlich und sicherstellend, und sie laufen Gefahr, mit dem Branntwein weltlicher Wissenschaft, dem Syrup äußerlicher Mystik und dem Schwefel protestantischer Lehre aufgefüllt und geschönt zu werden; doch liegt zu viel äußeres und inneres Licht jetzt auf der Kirche, als daß sie im mindesten gefährdet wären."

Ueberall, wo es Clemens möglich war, das kirchliche Beste und das Heil der Seelen zu fördern, war er voll Eifer und Dienstwilligkeit. Gar manche tüchtige junge Leute sind durch ihn zur Erreichung ihres Berufes gekommen. Namentlich lag ihm auch das Wohl der katholischen Gemeinde in Frankfurt am Herzen. Durch ihn kam ein trefflicher junger Priester, van der Meulen, dorthin; durch seine Verwendung wurde Görres' Schwiegersohn, der gläubige und treffliche Steingaß, als Professor der Geschichte an das Gymnasium in Frankfurt berufen. Aber selbst die so wichtige Berufung von Görres an die neue Universität München verdankt das katholische Deutschland vorzugsweise den Bemühungen Brentano's, einestheils bei Görres selbst, der durchaus nicht wieder in Staatsdienst treten wollte, und anderntheils bei Sailer, auf dessen Rath König Ludwig I. von Baiern das höchste Gewicht legte.

Im Jahre 1829 zog Hofkammerrath Diepenbrock zu seinem Sohne, der Domcapitular geworden war, nach Regensburg. Damit hatte Cle-

---

[96]) Ges. Schr. IX, S. 122.

[97]) Auch jene positive und correcte theologische Bildung, ist hinzuzusetzen.

mens wieder sein Heim verloren. Obwohl bereits 51 Jahre alt, dachte er ernstlich daran, auch nach Regensburg zu gehen und noch Priester zu werden. Es war ihm dieses nicht ein neuer Gedanke. Er hatte ihn schon in den ersten Tagen seines Aufenthaltes in Dülmen gefaßt und seitdem nie verloren. Allein, da nach den Kirchengesetzen seine zweimalige Verheirathung, dazu das eine Mal mit einer geschiedenen Ehefrau, ein Weihehinderniß begründete, so mußte er auf die Ausführung dieses Gedankens, der von Zeit zu Zeit mächtiger in ihm sich regte, Verzicht leisten. An poetischen Productionen war die Coblenzer Zeit nicht reich; all' sein Dichten und Trachten war auf ganz anderes gerichtet, namentlich arbeitete er fortwährend an der Ordnung und Verarbeitung seiner Aufzeichnungen über die Emmerich. Doch gab Coblenz Veranlassung zu zwei seiner schönsten Dichtungen. Als bei dem furchtbaren Eisgang von 1830 Dietz ihm von der Noth des armen Dorfes Lay und von der merkwürdigen Rettung einer dortigen armen Familie aus sichtlicher Todesgefahr meldete, dichtete er sein herrliches „Moseleisgang-Lied". Und als 1838 Frau Dietz bei dem Besuche einer kranken Angehörigen, die sie pflegen wollte, in München gestorben war, schrieb er sein gedankenreiches und rührendes Lied „Bei dem Hingang der lieben Freundin und Mutter", worin sich zugleich seine ganze Dankbarkeit gegen Alles, was ihm in Coblenz zu Theil geworden, ausspricht.

Regensburg. — München. — Aschaffenburg.

In großer Zurückgezogenheit lebte Clemens nach seinem Weggang von Coblenz in Frankfurt, nur mit Wenigen näher verkehrend. Er vollendete sein Werk über die Barmherzigen Schwestern und fing an, die Passions-Betrachtungen der Emmerich auszuarbeiten.

Am 21. Mai 1832 empfing er von Melchior Diepenbrock die Nachricht vom Tode Sailer's. Einige Tage vor seinem Tode hatte Sailer einem Briefe Diepenbrock's an Clemens noch die Worte beigefügt: „Gott grüße dich, mein lieber, lieber Clemens! Empfange den Dank für deine lieben Zeilen und die Versicherung, daß ich fleißig zu Gott bete, damit er an dir und durch dich Seinen heiligen Willen vollbringe." Clemens eilte nach Regensburg, um zu Diepenbrock's Tröstung einen längst versprochenen Besuch zu machen. Die stille Bischofsstadt mit ihrem Dom und ihren alten Heiligthümern, Diepenbrock und die Seinigen, so manche Ueberreste alter katholischer Frömmigkeit zogen ihn mächtig an. Regensburg, „wo so treu der Weinberg wird gepfleget", [98]) schien der

[98]) Zueignung der Passion.

rechte Ort, um gesammelten Geistes das Buch vom Leiden Christi zu vollenden. Dazu drängte ihn, der immer wieder zögerte, auch die Mahnung, die er von dem sterbenden Michael Wittmann, dem designirten Nachfolger Sailer's, empfing. Davon schreibt er an seinen Bruder Franz in demselben Briefe vom 28. Febr. 1833, worin er ihn über den eben erfolgten Tod ihres guten Bruders Anton tröstet: „Wir sind jetzt hier in Regensburg auch in großer Betrübniß. Der heilige, wunderbare Bischof Wittmann [99]) droht die Erde zu verlassen. . . . Am Dinstag-Abend erwartete er sein Ende. Melchior und ich gingen zu ihm und knieten an dem Lehnstuhl nieder, auf dem er sitzt. . . . Als ich mich ihm auf den Knieen nahte, nahm er meine Hände in die seinen und sagte: O, mein Allerliebster! o, arbeiten Sie treu, arbeiten Sie treu fort für die Ehre Jesu Christi! arbeiten Sie unerschütterlich fort! Dann segnete er mich. Es war dieses Reden zu mir um so auffallender, da er mich etwa nur zwei Mal gesehen und gesprochen, vor etwa sechs Wochen, wo er zu mir kam und mich bat und ermahnte, die Passionsbetrachtungen drucken zu lassen." [100])

Noch in demselben Jahre erschien das bittere Leiden. Wir haben uns über dasselbe bereits ausgesprochen. Es geht ihm ein Lebensabriß der Begnadigten voraus. Die sorgfältigen Forschungen Schmöger's bestätigen die historische Treue desselben in allen Punkten; die lebendig anschauliche und tief empfundene Darstellung aber stellt diesen Lebensabriß der Katharina Emmerich dem Besten, was Clemens jemals geschrieben hat, zur Seite. Er hat das bittere Leiden seinen Regensburger Freunden, „den beiden deutschen Erneuerern der Schriften der Heiligen Henricus Suso (M. Diepenbrock), Johannes a Cruce und Theresia a Jesu (Gallus Schwab)", in einem rührenden Gedichte dedicirt. Abschied nehmend ruft er ihnen zu:

Sorgt ihr Freundes-Herzen nicht,
Wo ein müdes Haupt sich niederlege,
Beſſ're Herberg' gibt es nicht,
Als beim Kreuze draußen an dem Wege.

— — — —

Und der Wirth ist auch nicht stolz,
Draußen, ganz von Wunden überhagelt,
Harrt er, am gekreuzten Holz
Fest mit Händ' und Füßen angenagelt.

Welcher Wirth hat so Geduld?
Wißt, er ist allein in diesen Qualen,
Aller armen Gäste Schuld,
Die zum Kreuze eingeh'n, zu bezahlen.

---

[99]) Seine Lebensbeschreibung v. P. Mittermüller ist ein wahrer Schatz von Belehrung und Erbauung für Solche, die mehr auf die Substanz, als auf äußere Form sehen.

[100]) Ges. Schr. IX, S. 279.

Und sein Haupt, gekrönt mit Dorn',
Grüßt den Gast, der bei ihm übernachtet,
Und sein Herz, ein blut'ger Born,
Labt den Gast, der dürstend nach ihm schmachtet,

Und sein Leib ist selbst das Haus,
Und die Pforten sind fünf off'ne Wunden,
Keinen treibt er je hinaus,
Der da einmal Ruhe hat gefunden.

Und sein Blut ist selbst der Trank,
Und sein Fleisch ist wahrlich selbst die Speise,
Da wird Alles heil, was krank,
Da ist Brod und Wein zur letzten Reise.

— — — —

Herr, bei dir allein ist Ruh',
Wie die Jünger einst zu dir auf Erden
Sagten, sprichst zum Pilger du:
Bleib' bei mir, denn es will Abend werden!

Der Abend des Lebens war für Clemens gekommen; es war ein zwar durch manches Leiden Leibes und der Seele getrübter und geprüfter, aber dennoch schöner Abend.

Brentano ging von Regensburg nach München, um hier einige Zeit zu bleiben. Er blieb aber da vom Herbst 1833 bis zum Juli 1842, d. h. bis zum Ende seines Lebens; denn nach Aschaffenburg, seiner letzten Pilgerstation, kam er nur, um zu sterben. Von seinem Leben in München gibt uns ein Brief an seinen Bruder Franz vom 20. November 1833 das zuverlässigste Bild:

„Ich lebe nun in München und bin hier, durch Gottes Erbarmen mit mir, Mitglied einer lieben, frommen bürgerlichen Familie geworden, und es geht mir, so wie ich es gern habe, über alles Verdienst recht sehr gut. Ich wohne mit Professor Schlotthauer, dem eigentlichen Hausvater der Maler-Akademie, wie sein älterer Bruder zusammen, und da er keine Kinder hat, sorgt seine fromme, demüthige Frau für mich, daß es mir nie so gut gegangen. Ich theile auch den mäßigen Tisch dieser patriarchalisch tugendhaften und mit allen Armen theilenden Leute, welche doch auch selbst arm sind, aber reich an allgemeiner Achtung und an Wohlgefälligkeit vor den Augen Gottes. Einen treuen Herzensfreund habe ich an Görres, der hier in allgemeiner Verehrung steht, und wie von je eine liebevolle Gastfreundschaft und Milde ausübt, die nur bei Herrn Dietz in Coblenz ähnlich zu finden ist. Alle legitim und katholisch gesinnten Männer besuchen sein Haus und sind im wahren Wort Hausfreunde; und lebte er nicht hier, so wäre München für viele Menschen ein gewöhnlicher Ort. ... Hier im Volk und in der Bürgerschaft sind trotz des langen Illuminatenwüthens und des noch immer perennirenden, schleichenden, industriellen Bildungs- und Aufklärungsfiebers noch sehr viele alte katholische Schaustücke und Mutterpfennige in der Sparbüchse der Masse. Die Priester sind großentheils geachtet, die Predigten mehrerer streng katholischer Prediger sehr frequentirt, noch herrscht Klostersinn unter dem Volke und hie und da der echte strenge. . . . Der treffliche Ringseis ist der unveränderlichste, wahre, treue, deutsch-kräftige, katholische und rechtgesinnte Mann, der er immer war. Er ist im Ministerium und Director des ganzen baierischen Medicinalwesens. Heuer Rector magnificus der Universität, wird er bei deren Eröffnung eine sehr freimüthige Rede über die Quelle des heutigen revolutionairen Geistes in den Unterrichtsanstalten vortragen. . . . Er weist die Revolution von Oben und Unten nach. Kaiser, gib Gott, was Gottes ist, dann wird man auch dem Kaiser geben, was des Kaisers ist. . . . Unter den jungen Malern der Akademie zeichnen sich die Schüler meines Hauswirths Schlotthauer durch Demuth und Frömmigkeit ohne alle Affectation aus.“ [101]) In diesem Briefe haben wir in Kürze den Lebenskreis geschildert, in dem Clemens nun lebte.

Außer Görres und Ringseis stand ihm unter den weltlichen Gelehrten der Hochschule Phillips am nächsten; unter den Theologen aber Möhler und sein Nachfolger Klee, später Haneberg. Mit diesem wohnte er in der letzten Zeit seines Münchener Aufenthaltes zusammen. Als nämlich Schlotthauer 1840 sein orthopädisches Institut errichtete, zog Clemens zu einer frommen Wittwe, Frau von Sendtner, [102]) bei der auch Haneberg als neu angestellter Professor der orientalischen Literatur Wohnung nehmen wollte. Da aber die gute Frau bald nachher starb, führten Beide, mit Hilfe einer von Apollonia Diepenbrock aus Regensburg gesendeten alten Wittwe, eine gemeinsame Haushaltung und hatten noch zwei arme Knaben bei sich, die sich auf das Studium der Theologie vorbereiteten.

In München war damals ein wundersames Aufblühen christlicher Wissenschaft und Kunst und kirchlichen Lebens, jedoch nicht ohne Keime erst später zu Tage tretender Gefahren. Denn bei allem Schutz des wirklich katholischen kunstsinnigen Königs Ludwig fehlte es der Kirche an wahrer Freiheit und vielfach der Frömmigkeit an echter Gediegenheit; in der Wissenschaft aber gebrach es an Reinheit und Klarheit der philosophischen Principien. Neben Görres und Phillips, Möhler und Klee wucherte der verschleierte Pantheismus Schelling's und der Gnosticismus

---

[101]) Ges. Schr. II, S. 290.

[102]) Sie ist Uebersetzerin des apologetischen Romans „Geraldine“, wovon Clemens an Böhmer schreibt: „Ich habe dieses Buch in ein paar Tagen, wegen des großen Talentes und der äußersten Delicatesse, womit es geschrieben ist, bewundernd ausgelesen.“ Ges. Schr. IX, S. 377.

Baader's, und nicht wenige begeisterte junge katholische Gelehrte schöpften aus diesen betäubenden Quellen ihre speculativen Anschauungen. Clemens genoß unbefangen das Wahre und Schöne jener Zeit, sein Herz jubelte über Alles, was zum Besten der Kirche geschah, namentlich über die Erhebung Reisach's und Hoffstätter's zu Bischöfen; er freute sich an dem Sieg der kirchlichen Freiheit im Kölner Conflicte und über das großartige Wirken der historisch-politischen Blätter; jedoch hatte schon damals sein instinctiver Scharfsinn von mancher Gefahr eine deutliche Ahnung. Das tritt namentlich hervor in seinen Aeußerungen über die christliche Kunst und ihr Verhältniß zu den damaligen Münchener Bestrebungen und Entwickelungen in den von Diel-Kreiten mitgetheilten Briefen an seinen theuern, jüngsten Freund, den Maler Steinle. Er erkannte die ganze Gefahr, welche in jener von König Ludwig, aber auch von Peter Cornelius, gepflegten Verbindung heidnischer und christlicher Kunst gelegen war; denn solcher Verbindung entspricht immer auch eine Getheiltheit des Geistes und der Gesinnung, und in diesem Zwiespalt pflegt zuletzt das Fleisch über den Geist den Sieg davon zu tragen, die Schönheit des Naturalismus aber theils in der geschminkten Uebertreibung eines modernen Zopfes, theils in einem manierirten Realismus zu endigen. Dabei war Clemens frei von jeder Engherzigkeit. Er wollte die Strenge des christlichen Geistes mit der Schönheit der Form vereint, aber mit jener Maßhaltung und Selbstbeherrschung, welche auch die Seele alles guten Geschmackes ist. Daher liebte er vor allen andern neuern Künstlern Overbeck und Steinle, mit welch' letzterm besonders er sich im Innersten verwandt fühlte. Auch hat Clemens offenbar auf die Entwickelung Steinle's und seiner Schöpfungen, von denen er nicht wenige veranlaßte, einen fruchtbaren Einfluß geübt, wie umgekehrt Steinle's Kunst [103]) ihn zu einer seiner schönern Dichtungen, der Legende von der h. Marina, begeisterte.

Sehr wohlthuend war für Clemens Brentano in München auch der Verkehr mit dem kunstsinnigen und kunsttüchtigen Fräulein Emilie Linder aus Basel, welche ihren großen Reichthum zur Unterstützung christlicher Kunst, vorzüglich aber zu Werken der Barmherzigkeit verwendete und deren Haus der Mittelpunkt einer auserlesenen Gesellschaft war. Gläubige Protestantin, war sie der katholischen Kirche nahe gekommen. Daß sie zur vollen Erkenntniß der Wahrheit fortschreite, war das sehnlichste Verlangen Brentano's und hat er demselben in so manchen Dichtungen aus

---

[103]) In einem Briefe an Steinle schreibt Clemens: „Es ist aber, lieber Steinle, Ihre Kunst lebendig, weil in Ihnen und somit auch in ihr ein guter Geist ist; was das Fleisch derselben angeht, so kann der reinste, edelste Geist ruhig, bequem, schicklich, ja würdig und auferbaulich darin hausen."

jener Zeit, aber auch in einem Briefe[104]) Ausdruck gegeben, der einigermaßen seinem oben erwähnten Briefe an Böhmer zur Seite gestellt werden kann. Erst mehr als ein Jahr nach seinem Tode ging dieses sein Verlangen in Erfüllung. In dem glückseligen Gefühle des erlangten Friedens schrieb Emilie Linder am Jahrestage ihrer Conversion an Steinle: „Wie oft möchte ich es jetzt Clemens sagen können, wie mir zu Muthe ist. Doch so Gott will, weiß er es und freut sich darüber.“ [105])

Wie in jedem Jahre die Poesie des Frühlings im duftigen, selbst durch die welkenden Blätter farbenreicheren Herbste neu aufblüht, so auch unseres Clemens Kindheits- und Jugend-Poesie am herbstlich-ahnungsvollen Lebensabend in München. Viele farbenprächtige und süß duftende Blumen hat dieser Nachsommer gebracht.[106]) Das Bedeutendste aber ist das Märchen „Gockel, Hinkel und Gackeleia“ und „Das Tagebuch der Ahnfrau“. Wie die Märchen unseres Clemens entstanden sind, haben wir oben[107]) angedeutet. Schon im Jahre 1816 wollte er seine Rheinmärchen und daran anschließend eine Reihe von Kindermärchen herausgeben. „Der Plan meines Buches, schreibt er darüber an Buchhändler Reimer in Berlin[108]) ist folgender: Durch ein märchenhaftes Geschick gerathen alle Kinder der Stadt Mainz und auch die Kronprinzessin Ameleya in die Gewalt und den Gewahrsam des Flußgottes Rhein, und wohnen bei ihm in einem gläsernen Haus. Ein Müller von feenhafter Abkunft wird der Bräutigam der Prinzessin und König von Mainz. Nun sitzt er auf seinem Throne vor den Bürgern immer Morgens am Fluß, und da werden die Märchen erzählt; denn der alte Flußgott hat sich erboten, jedes einzelne Kind gegen ein an seinem Ufer erzähltes Märchen herauszugeben. . . . Die erste Erzählung, womit der König seine Braut selbst von dem Rheine auslöst, eröffnet die Märchenreihe und enthält die Geschichte seines Stammes. . . . Nun erzählt ein armer Fischer ein Märchen »Murmelthierchen«, um sein geliebtes Kind Ameleychen, der Prinzessin kleine Pathin, auszulösen. Dann erzählt ein Schneider ein Märchen, Schneider Siebentodt. . . .“ Er wollte die Märchen, da „viel Landschaftliches, Phantastisches und Architektonisches darin,“ durch Zeichnungen seines Freundes Schinkel verschö-

---

[104]) Ges. Schr. IX, S. 310—319.

[105]) Hist.-pol.-Bl. Bd. 59, S. 852. Ihr hier abgedrucktes schönes Lebensbild von Fr. Binder ist auch besonders erschienen. Emilie Linder starb am 12. Febr. 1867 in ihrem 71. Lebensjahre.

[106]) Man vergleiche nur Brentano's ausgewählte Schriften, chronolog. geordnet und mit Anmerkungen versehen von J. B. Diel a. d. G. J., Freiburg bei Herder I, die Gedichte S. 69—100 und S. 133—218.

[107]) S. 10 und 31.

[108]) Ges. Schr. VIII, S. 193.

nern. Aber die Sache kam, man weiß nicht weshalb, nicht zu Stande. Im Jahre 1827 ließ er sich durch die Bitten seiner Frankfurter Freunde, insbesondere Böhmer's, bestimmen, ihnen die Herausgabe seiner, in des Letztern Händen befindlichen Manuscripte zu gestatten, unter dem Titel: „Märchen, nachlässig erzählt und mühsam hingegeben von Clemens Brentano; als Almosen für eine Armenschule, erbeten, geordnet und herausgegeben von milden Freunden," wobei er an Böhmer schreibt: „Ich bitte Sie, ja das Manuscript sehr prüfend durchzusehen, und alles auszumerzen, was irgend Jemand betrübt. Ich meine, im Märchen vom Murmelthier muß eine sinnliche Amplification eines Nachtigallenliedes vernichtet werden und einige Sticheleien auf Voß (der eben gestorben war) und sonst in allen Märchen, was nur im Mindesten einen Menschen ärgern kann. Ich habe nur noch dunkele Begriffe davon." [109]) Auch diese Herausgabe kam nicht zu Stande. Nun in München nahm Clemens seine Märchen selbst wieder vor. Auf Andrängen seiner Freunde ließ er sich von Böhmer, seinem „Urkundius Regestus", ein Verzeichniß seiner Schriften geben. Dieser schrieb besonders bezüglich der Märchen: „Gerade jetzt ist dafür eine günstigere, stillere Zeit eingetreten." Clemens arbeitete nun Vieles an den Märchen um. Allein die Herausgabe der Rhein-Märchen und der daran sich anreihenden hat er erst in seinem Testament Guido Görres zum Besten wohlthätiger und frommer Anstalten hinterlassen und so hat dieser sie [110]) 1846 in zwei Bänden bei Cotta in Stuttgart herausgegeben. Von ihnen schreibt Eichendorff: „Da blicken wir gleich in dem ersten herrlichen Märchen vom Rhein und dem Müller Radlauf, wie bei Erschaffung der Welt, in den wundersamen Haushalt der Elementargeister; und was die Natur geheimnißvoll schafft, sprosset und ahnt, sehen wir in Sehnsucht, Zorn und Liebe da unten beschäftigt: Wald- und Hauskobolde, Flußgötter, Nymphen, Echo und die Lurelei mit ihren sieben Jungfrauen, vor allem aber den Vater Rhein in seinem gläsernen Hause, und über dessen Glasgewölbe das Gewässer mit Millionen bunter Fische, die sich mit ihren glänzenden Schuppen an das Glas anlegen und mit ihren Goldaugen hineinsehen, so daß die ganze Decke wie tausend Regenbogen durcheinander flimmert; und wo die Fische sich wegbegeben, sieht man wieder zwischen den wunderbaren Felsen die Sterne und den Mond leuchten, während aus der Tiefe der dort verdeckte Nibelungen-Hort heraufschimmert, unten die entführten Kinder schlafen, daß es wie ein Himmel von tausend schlummernden Kinder-

[109]) Ges. Schr. IX, S. 177 und 182.

[110]) Außer den bereits genannten sind es: „Witzenspitzel, das Myrthenfräulein, Liebseelchen, das Gockelmärchen in der ursprünglichen Fassung von 1811, das Rosenblättchen, Baron von Hüpfenstich, Fanferlieschen, Dilldapp, Comanditchen, Schnürlieschen.

gesichtern zu schauen ist. Aber alle diese, an sich heidnischen und unter einander feindlichen Kräfte sind zu heiterer, harmloser Schönheit bewältigt durch eine gewaltigere Kraft, durch eben jenes religiöse Grundgefühl, das, nirgends sich wortreich aufdrängend, wie der unsichtbare Hauch eines Sonntagsmorgens das Ganze durchweht und von einem Unterschiede zwischen dem Diesseits und Jenseits nichts mehr weiß; wie z. B. in der musterhaften Erzählung von der Gefangenschaft der Prinzessin Ursula und der Nothtaufe ihres Kindes." Unter allen diesen Märchen war Eines unserm Clemens besonders lieb, das Märchen von Gockel, Hinkel und Gackeleia, das sich an die Namen der Frankfurt benachbarten Städte Hanau und Gelnhausen und seine Kindheitsträume von Vadutz anknüpft.

Dieses einfache Kindermärchen hat er nun umgearbeitet und erweitert und mit dem „Tagebuch der Ahnfrau" in Verbindung gesetzt, welche wiederum mit den theuersten Beschäftigungen vergangener Jahre, nämlich mit seinen Forschungen über die kirchlichen und die Volksgebräuche der Vorzeit und die alten Volkssagen und mit der Chronika des fahrenden Schülers zusammenhängt, wie dieses Clemens selbst in der „Herzlichen Zueignung" an das Großmütterchen (Frau Willemer) ausspricht. Die Fabel des Gockelmärchens ist höchst einfach. Das Glück, das der arme und gute Gockel durch seine Barmherzigkeit gegen arme Thierlein mittels des, jeden irdischen Wunsch erfüllenden Ringes Salomonis gewonnen, geht durch des Töchterleins Gackeleia Spielsucht und Ungehorsam mit Salomonis Ring an die bösen Petschierstecher verloren und wird von der im Unglück Geläuterten durch die Dankbarkeit der Mäuslein wieder gewonnen; als aber das neue Glück bei der Hochzeit der Gackeleia, der zur Anerkennung gekommenen Erbgräfin von Hennegau und Lehnshuldin von Vadutz, und ihres treuen Bräutigams Cronovus, des Königs von Gelnhausen, den höchsten Gipfel erreicht, spricht die glückselige Gackeleia: „O, wie ist Alles so einig und freudig umher! Nur eines bleibt zu wünschen übrig" — daß nämlich sie alle wieder Kinder seien — und es geschieht, indem sie den Ring Salomonis unter den Worten dreht:

Salomo, du weiser König,
Dem die Geister unterthänig,
Setz' uns von dem stolzen Pferde
Ohne Fallen sanft zur Erde,
Führ' uns von dem hohen Stuhle
Bei der Nachtigall zur Schule,
Die mit ihrem süßen Lallen
Gott und Menschen kann gefallen.

— — — —

Führ' uns nicht in die Versuchung
Unfruchtbarer Untersuchung;

Nicht der Kelter ew'ge Schraube,
Nein, die Rebe bringt die Traube.
Mach' einfältig uns gleich Tauben,
Segne uns mit Kinderglauben.
Lasse uns um jede Gnade
Kindlich bitten, kindlich danken,
Und durch Dorn- und Blumenpfade,
Treu gepflegt sie ohne Wanken,
Freudig, doch mit frommem Zagen
Hin zum lieben Vater tragen.
Laß die Engel bei uns wachen,
Daß wir wie die Kinder lachen,
Daß wir wie die Kinder weinen,
Laß uns alles sein, nichts scheinen.

Das ist die Moral des Gockelmärchens und am Ende aller seiner Märchen; das ist auch der Grundton im Tagebuch der Ahnfrau der Gackeleia, der guten Amey, der Erbgräfin von Hennegau und ersten Lehnsträgerin von Vadutz. Dieselbe hat darin — in derselben klaren Lieblichkeit, wie sie ähnlich nur in der Chronika des fahrenden Schülers zu finden — Tag für Tag von Charfreitag bis Sonnenwende 1317 ihre Erlebnisse aufgeschrieben; insbesondere, wie sie auf die Mahnung ihres Verwandten, des frommen und gelehrten Priesters Jacob von Guise — „der in dieser heiligen Fastenzeit die Frauen und Jungfrauen des Landes Hennegau gar eindringlich ermahnte, sie möchten, statt ihre Zeit mit Lesen tiefsinniger Bücher zu verlieren, doch den elenden Stand der verlassenen armen Kinder, von denen alle Straßen wimmelten, zu Herzen ziehen und sich Gott durch Barmherzigkeit an diesen gefällig machen" — mit ihren Gespielen den weltlichen Orden der frommen und fröhlichen Kinder gegründet und selbst unter dem gewählten Titel des armen Kindes von Hennegau deren Vorsteherin geworden. Dann erzählt sie, wie sie mit ihren Freundinnen Wohlthätigkeit geübt und die kirchlichen und volksthümlichen Feste gefeiert, das Kloster Lilienthal gegründet, und wie sie in seltsamer Weise die Braut des Ahnherrn des Gockel geworden, der sie aus den Händen der Räuber befreite, die ihr die wunderwirkenden Reichskleinodien von Vadutz rauben wollten. Dieses einfache Tagebuch ist von einem Gewebe der anmuthigsten Schilderungen alter Gebräuche und Erzählungen alter Sagen, von den zartesten und tiefsten Gedanken, von zauberhaft schönen Versen und Liedern durchwoben; vor Allem aber klingen darin die theuersten Erinnerungen aus dem eigenen Leben unseres Clemens von der Kindheit bis zum Greisenalter wieder. Ohne Kenntniß dieses Lebens, ohne Sinn für die Poesie des alten christlichen Volkslebens, kann allerdings das Tagebuch der Ahnfrau nicht wohl genossen werden. Sonst aber ist an ihm, wie an dem Meisten, was Clemens geschrieben, nichts

Fremdartiges, als jene Originalität, die es außer, aber auch über den Bereich der in Romanen und Schauspielen üblichen Scenen und Anschauungen stellt. Die Verse aber, womit das Tagebuch schließt, sprechen so recht den Geist der Dichtungen und des Herzens unseres Clemens aus:

Was reif in diesen Zeilen steht,
Was lächelnd winkt und sinnend fleht,
Das soll kein Kind betrüben.
Die Einfalt hat es ausgesät,
Die Schwermuth hat hindurchgeweht,
Die Sehnsucht hat's getrieben.
Und ist das Feld erst abgemäht,
Die Armuth durch die Stoppeln geht,
Sucht Aehren, die geblieben,
Sucht Lieb', die für sie untergeht,
Sucht Lieb', die mit ihr aufersteht,
Sucht Lieb', die sie kann lieben.
Und hat sie einsam und verschmäht
Die Nacht durch, dankend im Gebet,
Die Körner ausgerieben,
Liest sie, als früh der Hahn gekräht,
Was Lieb' erhielt, was Leid verweht,
An's Feldkreuz angeschrieben:
O Stern und Blume, Geist und Kleid,
Lieb', Leid und Zeit und Ewigkeit.

Unter dem Bilde des sagenhaften und geisterhaften Bübleins in dem Tagebuch der Ahnfrau, das, weil es einst Getreide der Armen vergeudet, nun mühselig und büßend Weizenkörner ausreiben und sammeln muß, bis es alles ersetzt, hat Clemens sich selbst gemeint. Die letzten zwei Verse aber klingen seit dem größern Gockelmärchen in den Dichtungen des Clemens oftmals wieder. Wahrscheinlich aus einem von Emilie Linder ihm erzählten und im Tagebuch dem armen Kinde von Hennegau zugeschriebenen Traume stammend, sind diese so poetisch als geheimnißvoll klingenden Worte wohl geeignet, um in unbestimmtem Bilde das Himmlische und Ewige auszudrücken, was unter dem Blumenkleide zeitlicher Liebe und zeitlichen Leides wie in seiner Poesie, so in seinem Leben verborgen liegt. Er selbst hat in einem Gedichte an Emilie Linder jene Worte auf das höchste Gnadengeheimniß gedeutet und zur Mahnung an sie gewendet:

Die Lilie spinnt nicht, doch es webet
Aus ihr das Wort sich einen Leib,
Zur Jungfrau ist das Licht geschwebet,
Und Mutter Gottes wird das Weib.
O Stern und Blume ꝛc.

— — —

Da sprach zum Kind die reine Lilie,
Die nie vorher gesprochen hat:
Wach' auf, wach' auf zu mir, Emilie,
Sing' mit mir das Magnificat.
O Stern und Blume, Geist und Kleid,
Lieb', Leid und Zeit und Ewigkeit.

Diese Worte hat er auch am Schlusse des Tagebuchs dem Liede vom Schnitter Tod hinzugefügt — und auch im Schlußgedichte des großen Gockelmärchens tönt wehmüthig, doch tröstlich die Ahnung und Mahnung der nahenden Ewigkeit:

In der Nacht hab' ich gedichtet,
Was gen Morgen wird gelichtet,
Und gesichtet und gerichtet;
Vor mir ruht das große Buch
Und ich harre auf den Spruch.
Horch', wie ernst die Aehren wogen,
Horch', der Schnitter kommt gezogen!

Nur noch einige Jahre hatte Clemens zu leben. Im Jahre 1837 besuchte er, zum zweiten Mal, Tyrol und die ähnlich wie Katharina Emmerich begnadigte Maria Mörl; 1839 war er bei den Freunden in Regensburg; 1840 sah er das Passionsspiel in Oberammergau. Nochmals war er 1841 auf die dringenden Einladungen seiner Geschwister in Aschaffenburg und in Frankfurt. Es zeigten sich die Symptome einer Herzkrankheit und daraus sich entwickelnder Wassersucht. Nach seiner Rückkehr nach München nahm die Krankheit zu. Mit christlicher Ergebung trug er die Beängstigungen derselben, obwohl er öfter jener Ermattung und Traurigkeit, die damit verbunden zu sein pflegt, sich nicht erwehren konnte. Am 10. März 1842 schreibt er an seine fromme Nichte Sophie von Schweitzer: „Wenn ich mit diesem Briefe fertig bin, wende ich mich zu der Krankheit meiner armen Seele, erforsche mein Gewissen und bereite mich zu einer Generalbeichte. Es ist dies zum zweiten Mal in meinem Leben. Ich schreibe es Dir, auf daß du helfen mögest, mir von Gott durch die allerseligste Jungfrau eine klare Erinnerung, ein aufrichtiges Bekenntniß und eine vollkommene Reue zu erflehen.“ [111]) In derselben Zeit schrieb er an Steinle: „Ach, ich fühle so zerreißend tief, alles Böse unseres Lebens haben wir auch unserm Nebenmenschen gethan; ach, beten Sie zu Gott, daß meine Trauer eine vollkommene Reue sei, und so dies nicht der Fall wäre, daß der Allbarmherzige mir gebe, was vielleicht daran fehlt, denn ich weiß von nichts, als von Thränen.“

Als die Krankheit schlimmer wurde, kam sein Bruder Christian nach München; unter seiner brüderlichen Pflege erholte sich Clemens ein

---

[111]) Ges. Schr. IX, S. 418.

wenig. Er errichtete sein Testament. Ein Drittel seines Vermögens, so wie die Erträgnisse aus den herausgegebenen und nach seinem Tode herauszugebenden Betrachtungen der Emmerich, sowie den Erlös aus seinen Märchen vermachte er zu wohlthätigen Zwecken. Der Arzt erlaubte, daß sein Bruder ihn mit sich nach Aschaffenburg nehme. Clemens konnte noch einigen seiner Freunde einen Abschiedsbesuch machen. Die Reise ging gut von statten. Am 8. Juli kam er in Aschaffenburg an und hatte einige leichte Tage. Christian und seine Frau verpflegten ihn auf's Sorgsamste. Die Pflege seiner Seele besorgte ein Freund des Hauses, Pfarrer Lennig in Seligenstadt, nachmals Domdekan und Generalvicar in Mainz,[112]) der wöchentlich seine Beichte hörte. „Clemens war," schreibt die Wittwe Christian's in der biographischen Skizze vor seinen Briefen, „in rührender Weise geduldig, freundlich, dankbar für jeden Liebesdienst — und als das Uebel sich nach vierzehn Tagen plötzlich verschlimmerte, als das Wasser schnell stieg und gewaltsam an's Herz drang, da bewährte sich, daß sein Glaube an Gott und an seine heilige Kirche fest in ihm gegründet war. Wenn behauptet wurde, daß er, der denselben und die Kraft der Sacramente immer so sehr gerühmt, nun sich doch so unglücklich gefühlt und selbst nicht Trost habe finden können, so hätte man ihn in den letzten Tagen sehen sollen, um begreifen zu lernen, was dieser Glaube und die Sacramente der Kirche vermögen. . . . . . Sein Krankenzimmer war ein Ort der Erbauung und des Gebetes. Dankend und liebend nahm er an, was menschliche Hülfe ihm geben konnte, die beste aber bei dem Höchsten suchend."

Nachdem er am 27. Juli mit großer Ruhe und Andacht die Sterbesacramente empfangen, noch am Abend seinen aus Frankfurt herbeigeeilten Freunden, van der Meulen, der bald darauf in den Trappistenorden eintrat, und Steinle, die Hand gedrückt und die Nacht ruhig und fromm zugebracht, starb er sanft am Morgen des folgenden Tages, den 28. Juli 1842. Sein Leib ruht auf dem Kirchhofe von Aschaffenburg, neben ihm ruht sein Bruder Christian.

Das ist Clemens Brentano: eine Menschennatur von seltener Tiefe und Schönheit; ein wahrer Christ, wenn anders kindlicher Glaube, Demuth, Bußfertigkeit und mildes Erbarmen Merkmale echten Christenthums sind; ein hochbegabter Dichter, der den Zauber der Natur, die Tiefen des menschlichen Herzens und seines eigenen Herzens, die Geheimnisse der Gnade in noch nie gehörten Tönen besungen hat. Nicht Alles, was von seinen Werken ohne sein Zuthun gedruckt wurde, hat

---

[112]) Dessen für die Zeitgeschichte interessantes Leben ist von Dr. Brück 1870 in Mainz bei Kirchheim erschienen.

gleichen Werth; aber Vieles wird ewig fortleben und wie „Blumenathem und Traubenduft“ empfängliche Seelen erquicken. Nachdem Clemens durch alle blendenden Irrsale seiner Zeit hindurchgegangen, hat er unter dem Kreuze bereut und an allen übernatürlichen Heilquellen, die da und dort in unserm Vaterlande aus den Trümmern der Verwüstung neu hervorbrachen, getrunken. Die Vorsehung hat ihn gewürdigt, große Gnaden, die Gott seiner Zeit geschenkt hatte, zu sehen, der Nachwelt zu bewahren und dadurch die Erkenntniß und Liebe des Gekreuzigten und seiner Kirche in vielen Seelen zu wecken und zu nähren. Man hat mit Grund beklagt, daß ihm als Menschen und als Dichter die rechte Schule gefehlt; aber wäre er dann geworden, was er war und uns ist? Er selbst hat viel darüber geweint, daß er von so vielen und großen Gottesgaben, die ihm geschenkt gewesen, so viele verloren, daß er so wenig damit gewirkt; aber er hat dennoch auch guten Samen ausgestreut — und der himmlische Salomon wird an ihm wahr machen, was er im Tagebuch der Ahnfrau vom irdischen Zauberring Salomonis erfleht:

Salomo, du weiser König,
Dem die Geister unterthänig,
Bring' doch all' den Weizen wieder,
Der da auf den Weg fiel nieder
Und von Vögeln ward gefressen
Und von Füßen ward zertreten;
All' den Weizen ungemessen,
Den sie auf das Steinfeld säten,
Wo, so schnell er aufgeblüht,
In der Sonne er verglüht.
Bring' zurück die Weizenkörner,
Die erstickten durch die Dörner.
Was in guten Grund gefallen,
Lasse fruchtend überwallen,
Daß der Weizen dreißigfältig,
Sechszigfältig, hundertfältig
Alles Unkraut überwältig',
Das der Feind hineingesät, —
Schnell, o schnell, es ist schon spät!

Mögen dazu auch diese anspruchslosen Blätter, indem sie vielleicht manches empfängliche Gemüth auf das Schöne und Gute in Clemens aufmerksam machten, etwas beitragen und auch dem Verfasser derselben einen kleinen Antheil an dem Erntesegen zuwenden.

Auszug aus dem Statut der „Görres-Gesellschaft“.

Tit. II. Aeußere Organisation des Vereins.

Die Mitglieder.

§. 3. Die Görres-Gesellschaft bildet einen einzigen, von einem Vorstande geleiteten Verein. Der Verein hat seinen Wohnsitz in Bonn.

§. 4. Der Verein besteht aus Mitgliedern, Theilnehmern und Ehren-Mitgliedern.

Mitglied ist, wer durch Anmeldung beim Vorstande oder den von diesem beauftragten Personen (§. 16) seine Uebereinstimmung mit der Idee des Vereins ausspricht und einen Jahresbeitrag von 10 Mark oder einen einmaligen Beitrag von 200 Mark entrichtet.

Theilnehmer, wer einen Jahresbeitrag von mindestens 3 Mark entrichtet.

§. 5. Die Mitglieder haben das Recht, den General-Versammlungen mit beschließender Stimme beizuwohnen. Sie haben Anspruch auf die in der Periode ihrer Mitgliedschaft zur Vertheilung kommenden Vereinsschriften nach Maßgabe der einschlagenden Bestimmungen (§§. 32 bis 34).

Die Theilnehmer haben Zutritt zu den General-Versammlungen, jedoch ohne beschließende Stimme. Sie haben Anspruch auf die Vereinsschriften nach Maßgabe der einschlagenden Bestimmungen (§§. 32 u. 34).

§. 6. Termin für die Einzahlung des Jahresbeitrages ist der 1. März jeden Jahres. Beiträge, welche nach dem 30. April nicht eingelaufen sind, werden von dem Rendanten per Postmandat erhoben.

Wer die Zahlung verweigert, gilt als ausgeschieden und verliert alle Rechte und Ansprüche an die Gesellschaft.

§. 7. Wer einen einmaligen Beitrag von mindestens 300 Mark entrichtet, wird durch Diplom zum Ehren-Mitgliede der Gesellschaft auf Lebenszeit ernannt.

Tit. III. Organisation der Vereinsthätigkeit.

Vereinsschriften.

§. 32. Den Ehren-Mitgliedern, Mitgliedern und Theilnehmern wird jährlich ein gedruckter Bericht über die Thätigkeit und den Bestand des Vereins und die Verhandlungen der General-Versammlung mit Einschluß des wissenschaftlichen Vortrags zugestellt.

§. 33. Nach Maßgabe der Vereinsmittel werden periodische Vereinsgaben in Gestalt von wissenschaftlichen und populär-wissenschaftlichen Schriften zur Vertheilung an die Mitglieder und Ehren-Mitglieder gebracht werden.

§. 34. Die sämmtlichen auf Veranlassung der Görres-Gesellschaft veröffentlichten Schriften können von den Ehren-Mitgliedern, Mitgliedern und Theilnehmern zu zwei Dritttheilen des Ladenpreises bezogen werden.

(Bestellungen sind unter Einsendung des Betrages an den General-Secretair der Gesellschaft zu richten.)

Der Verwaltungs-Ausschuß der Görres-Gesellschaft besteht zur Zeit aus folgenden Herren:

Dr. Freiherr von Hertling (Bonn), Vorsitzender.

Oberbürgermeister a. D. Kaufmann (Bonn), General-Secretair.

Professor Dr. Simar (Bonn), Stellvertreter des General-Secretairs.

Advocat Jul. Bachem (Köln).

Dr. med. Hopmann (Köln).

Zeitfracht Medien GmbH
Ferdinand-Jühlke-Straße 7
99095 Erfurt, Deutschland
produktsicherheit@kolibri360.de